Barbara Sensen

Revenue Management im Hotel

Von Kennzahlen bis MICE am Beispiel erklärt

DE GRUYTER
OLDENBOURG

ISBN 978-3-11-058227-7
e-ISBN (PDF) 978-3-11-058226-0
e-ISBN (EPUB) 978-3-11-058249-9

Library of Congress Control Number: 2018934552

Bibliografische Information der Deutschen Nationalbibliothek
Die Deutsche Nationalbibliothek verzeichnet diese Publikation in der Deutschen
Nationalbibliografie; detaillierte bibliografische Daten sind im Internet über
http://dnb.dnb.de abrufbar.

© 2018 Walter de Gruyter GmbH, Berlin/Boston
Einbandabbildung: malerapaso/istockphoto
Satz: Meta Systems Publishing & Printservices GmbH, Wustermark
Druck und Bindung: CPI books GmbH, Leck

www.degruyter.com

MIX
Papier aus verantwor-
tungsvollen Quellen
FSC® C083411
www.fsc.org

Vorwort

Im Jahre 2007, als ich mein Hotelmangement-Studium abschloss, hatte ich den Begriff Revenue Management nur selten gehört. Die rechnerischen Aspekte der spezifischen BWL beschränkten sich in der Lehre auf Buchhaltung, Kostenrechnung und Controlling, also vornehmlich die Kostenseite der Unternehmung. Einige Jahre später hat sich dieser Fokus gewandelt, hin zur Ertragsseite, dem Revenue Management. In meinen ersten beruflichen Stationen erlebte ich Revenue Manager und fand das Berufsbild spannend. Wie man allerdings Revenue Manager wird war nicht eindeutig – diese Führungskräfte umgab immer eine Art Nimbus. Sie kannten besser als jeder andere im Hotel die „Zahlen", ihr Wort, wie viel ein Hotelzimmer wann kosten soll, war Gesetz. Als ich selbst Revenue Manager wurde hatte ich entsprechenden Respekt vor dieser Stelle. Allerdings war der Respekt vor höherer Mathematik durchaus unbegründet – die Berechnungen basieren fast ausschließlich auf den vier Grundrechenarten. Vielmehr kommt es bei der täglichen Arbeit im Revenue Management auf den Überblick der vielfältigen Zusammenhänge, die Kenntnisse der unterschiedlichen Analysemethoden und letztendlich auf die Auswahl des korrekten Rechenweges an. Der Erfolg eines Revenue Managers basiert daher viel eher auf dem Verständnis der Thematik als auf komplizierten Formeln und Gleichungen. Ich hatte das Glück, von meiner Vorgesetzten, die selbst jahrelang als Revenue Manager gearbeitet hatte, Schritt für Schritt ins Revenue Management eingeführt zu werden. Über die Jahre konnte ich mir so ein Verständnis für Revenue Management aufbauen und durch meine eigenen Erfahrungen im Veranstaltungsbereich ergänzen. Doch nicht jeder neue Revenue Manager hat dieses Glück, oftmals gibt es kaum eine Übergabe, geschweige denn eine Einführung. Was ein Revenue Manager genau macht, welche Analysen er wann erstellt und worauf seine Entscheidungen basieren, weiß oft nur der jeweilige Revenue Manager selbst. Für Studierende und Auszubildende ist es daher schwierig, sich ein Bild vom Revenue Management zu machen um zu prüfen, ob dieser Beruf für sie passend sein könnte.

Dieses Buch soll zum einen eine Einführung in das Revenue Management im Hotel darstellen, zum anderen die Angst vor den Analysen und Berechnungen nehmen. Um Verständnis für die Materie zu erreichen, wurde eine erklärende Form gewählt. Erklären lässt sich am besten anhand von Beispielen, daher wird das Revenue Management in diesem Buch anhand des Beispiels des Hotels Pfiffikus erklärt. Drei junge Menschen ohne jegliche Revenue Management Erfahrung übernehmen die Leitung eines Hotels und bemerken, in welchen Situationen Revenue Management unabdingbar ist. Ihre Diskussionen und Entscheidungsfindungen sind geprägt durch die unterschiedlichen Charaktere: Salim, der Lebemensch der sich am liebsten überhaupt nicht mit Zahlen beschäftigen würde, Katrin, die sich sehr fürsorglich um die Gäste kümmert und das Zahlenwerk als notwendiges Übel betrachtet und Miriam, die eine tiefe Beruhigung dadurch erfährt, dass sie Sach-

https://doi.org/10.1515/9783110582260-202

verhalte in Zahlen darstellen und analysieren kann. Gemeinsam legen die Freunde durch die Definition von Kennzahlen und Segmenten die Grundsteine für das Revenue Management, sie optimieren den Umsatz durch das Yield Management, kalkulieren Firmen- und Wholesaler Raten und wagen sich schließlich auch an die Erstellung eines Budgets und das Yield Management im Tagungsbereich. Ich hoffe, dass der Leser gemeinsam mit den drei Freunden die etwaige Angst vor dem Revenue Management verliert und sich mit zunehmendem Verständnis der zugrundeliegenden Logik für diesen spannenden Bereich des Hotelmanagements begeistern kann.

Frankfurt am Main, Januar 2018

Inhalt

Abbildungsverzeichnis

https://doi.org/10.1515/9783110582260-204

Tabellenverzeichnis

https://doi.org/10.1515/9783110582260-205

Prolog

Katrin seufzt tief, stellt ihr Tablett so heftig auf den Tisch, dass ihr Getränk überschwappt und lässt sich auf einen freien Stuhl fallen. „Sagt mal, wo übernachten eigentlich eure Familien während des Bachelorballs?" Der Bachelorball soll in drei Monaten stattfinden – bis dahin stehen noch jede Menge Klausuren an und auch die Bachelorarbeit muss noch fertig geschrieben und verteidigt werden. Die Planung der Abschlussfeierlichkeiten ist da eine erfreuliche Abwechslung. „Na im Pfiffikus, wo denn sonst?" antwortet Salim. Das ‚Pfiffikus' ist ein drei Sterne Hotel direkt in der kleinen historischen Altstadt und fußläufig von der Aula, wo die Feierlichkeiten stattfinden sollen. Das nächste Hotel ist in der nahe gelegenen Großstadt – allerdings ist diese nicht fußläufig zu erreichen und Taxen verlangen eine Anfahrtspauschale für den kleinen Ort. Im Ort selbst gibt es ansonsten nur einige Fremdenzimmer, zu wenig für die Angehörigen der 70 Studierenden, die bald ihren Bachelor of Arts in den Händen halten sollen.

„Das ist ja das Problem", meint Katrin „das Pfiffikus schließt nächsten Monat. Nach dem Bandscheibenvorfall von Herrn Schnodel oder wie der heißt, wird ihm das Hotel zu viel. Ist ja alles verständlich, aber ausgerechnet jetzt, so kurz vor unserem Bachelorball?!" „Schnudel heißt er." schaltet sich jetzt auch Miriam ins Gespräch. Sie war bis eben in die Lektüre eines komplizierten Artikels vertieft gewesen. „Aber das macht ja wirtschaftlich gar keinen Sinn, der jährliche Ball mit all den Absolventeneltern ist doch sicherlich eine Goldgrube für das Pfiffikus. Warum wirft er ausgerechnet jetzt hin?" „Eine Goldgrube …" sinniert Salim, „die müsste man haben. Wir sollten das Hotel übernehmen. Gäste begrüßen, Schlüssel aushändigen und am Ende schön abkassieren. Ja, das würde mir gefallen!". Katrin grinst. „Keine schlechte Idee. Ein bisschen mehr als repräsentative Aufgaben würde das wohl schon bedeuten. Aber wenn ein Herr Schnudel das alleine packt, kriegen wir das zu dritt auch hin, oder? Miriam, was meinst Du?" Miriam rückt ihre Brille zurecht. „Naja, die Margen im Hotelgewerbe sind nicht gerade hoch. Ein Hotel zu betreiben, und zwar so, dass es noch etwas abwirft, ist sicherlich nicht einfach. Aber ein spannendes Projekt wäre es sicherlich." Sie schmunzelt. „Dafür würde ich sogar meine Zeit mit den Wasserschildkröten auf nächstes Jahr verschieben". Sie hatte lange geplant, nach dem Abschluss ihres Bachelor Studiums ein Jahr bei der Rettung von Wasserschildkröten in Südamerika zu helfen.

„Also gebongt," ruft Salim begeistert und hält sein Glas in die Höhe „wir werden Hoteliers!"

Tatsächlich können die drei Herrn Schnudel von ihrem Plan überzeugen. Er ist gesundheitlich so angeschlagen, dass er froh ist, dass drei junge Menschen die Arbeit übernehmen. Mittelfristig will er das Hotel verkaufen, aber noch hat sich kein Käufer gefunden. Und, so seine Argumentation, es sei immer einfacher, ein laufendes Hotel zu verkaufen als ein geschlossenes. Er wird als „Senior Advisor" wie die drei ihn nennen mit an Bord bleiben, daher verzichtet er auf einen Pachtvertrag. Er bleibt in

https://doi.org/10.1515/9783110582260-001

seiner Wohnung im Hotel wohnen, dafür dürfen die drei Jung-Hoteliers in die eigene Tasche wirtschaften. Aufgrund des hohen Arbeitsaufkommens für ihr Studium, einigen sie sich darauf, das Hotel erst nach dem Abschluss des Studiums zu übernehmen. Immer mehr Treffen der drei drehen sich allerdings schon ausschließlich um das Hotel – auch wenn ihre Ideen und Vorstellungen teilweise recht weit auseinanderliegen. Salim sieht sich als Grand Seigneur mit einem Glas Champagner in der Hand und Einstecktuch an der Brust in der Halle stehen und mit großer Geste Gäste begrüßen. Katrin sprüht nur so vor Ideen, wie man den Frühstücksraum gestalten, eine Teestunde einführen und Shuttle in die Stadt organisieren könnte. Miriam hingegen versucht durch Aufstellungen und Rechnungen einen Weg zu finden, möglichst viel Gewinn zu machen. Zum Glück bleibt das Personal von Herrn Schnudel den dreien vorerst erhalten. Eine Hotelfachausbildung hat nämlich keiner von ihnen.

1 Kennzahlen

1.1 Grundlagen

„Als allererstes müssen wir uns auf Kennzahlen einigen, an denen wir uns und unseren Erfolg messen", stellt Miriam fest. „Du immer mit deinen Zahlen", stöhnt Salim, „außer Zimmernummern und vielleicht noch den Zimmerpreisen brauchen wir keine Zahlen. Das macht es doch nur unnötig kompliziert!" Während Miriam noch Luft holt für einen Vortrag über die Bedeutung von Zahlen, Daten und Fakten als Entscheidungsgrundlage, schaltet sich schnell Katrin dazwischen: „Naja, ein paar Messgrößen wären sicher nicht schlecht, damit wir kontinuierlich überprüfen können, ob das was wir tun richtig ist. Wenn du das ganze Studium über keine Noten bekommen hättest und am Ende durch die Abschlussprüfung fällst, würdest du dich ja auch wundern, wie das passieren konnte. Durch die Noten hast du immer eine Rückmeldung, ob du mehr lernen musst oder auf dem richtigen Weg bist." Das leuchtet Salim ein: „Ok, also benoten wir uns quasi selbst, das macht Sinn. Aber worauf müssen wir uns jetzt einigen?" Durch dieses Einlenken wieder versöhnlicher gestimmt, erklärt Miriam, dass sie sich auf bestimmte Zahlen einigen müssen, anhand derer sie sich messen. Diese Zahlen sollten alle Informationen beinhalten, die sie kennen müssen, um den Zustand des Hotels zu beurteilen. Kennzahlen eben.

Kennzahlen (engl.: key performance indicators, KPI) stellen einen Sachverhalt in verdichteter Form dar. So können komplexe Sachverhalte auf eine Zahl komprimiert werden. In einem ersten Schritt lassen sich qualitative und quantitative Kennzahlen unterscheiden. Bei quantitativen Kennzahlen kann eine Zahl einfach abgelesen oder ausgerechnet werden. Qualitative Kennzahlen müssen quantifiziert werden, wofür meist eine Erklärung nötig ist. Beispielsweise ist ein Umsatz (quantitative Kennzahl) von 5.000 € durchaus allgemeinverständlich, während eine Mitarbeiterzufriedenheit (qualitative Kennzahl) von 5 Punkten zunächst keinen Aussagewert besitzt. Hier wäre die Erklärung notwendig, dass die Mitarbeiterzufriedenheit mit einem Fragebogen gemessen wurde und jede Antwort mit Punkten von 1 (unzufrieden) bis 10 (sehr zufrieden) festgehalten wurde. Aus allen Fragen eines Fragebogens wurde ein Durchschnittswert ermittelt, ebenso wie aus der Summe aller Fragebögen. So kann der Sachverhalt, dass Herr Meier zwar mit dem Arbeitsumfeld sehr zufrieden ist, aber findet, dass er zu wenig gelobt wird und Frau Schmidt die Stimmung im Team super findet, aber gerne etwas mehr verdienen würde, anstatt in seitenweisen Beschreibungen und Abhandlungen in einer einzigen Zahl ausgedrückt werden: die Mitarbeiterzufriedenheit liegt bei 5 Punkten. In diesem Beispiel also genau im Mittelfeld, die Mitarbeiter sind (durchschnittlich) weder sehr zufrieden noch sehr unzufrieden.

Der Vorteil von Kennzahlen ist, dass sie sehr viel schneller erfasst werden können als Fließtext. Zudem können sie verglichen werden. So kann die Umsatz-

https://doi.org/10.1515/9783110582260-002

entwicklung über einen gewissen Zeitraum dargestellt werden oder auch der Zufriedenheitsgrad verschiedener Abteilungen einander gegenübergestellt werden. Nachteile bei Kennzahlen sind, dass durch das „Eindampfen" auf eine Zahl neben der Komplexität natürlich auch die Genauigkeit verloren geht. Um bei dem Beispiel mit der Mitarbeiterzufriedenheit zu bleiben, kann es sein, dass gerade eine Zufriedenheit von 9 Punkten ermittelt wurde und dennoch kurz darauf zwei Mitarbeiter kündigen, weil sie mit den Arbeitsbedingungen unzufrieden sind. Durch das Bilden von Durchschnitten sind diese beiden – bei entsprechend großer Grundgesamtheit – einfach nicht ins Gewicht gefallen.

Kennzahlen ermöglichen im Alltag oft eine schnelle Kommunikation und Entscheidungsfindung und sind damit sehr hilfreich. Allerdings ist die Realität wesentlich komplexer als die Kennzahlen es ausdrücken können. Da Kennzahlen immer nur einen Ausschnitt darstellen, macht es oftmals Sinn, mehrere Kennzahlen parallel zu betrachten, beispielsweise in Form eines Kennzahlensystems. Zudem sollte jeweils auch die Berechnung der Kennzahl bekannt sein, damit bei Veränderungen die Einflussfaktoren und damit Ansatzpunkte für Gegenmaßnahmen bekannt sind.

Während Katrin, Salim und Miriam von einer Karriere als erfolgreiche Hoteliers träumen, stellen sie sich die Frage, was es eigentlich dafür braucht, ein Hotel erfolgreich zu führen. Für Salim ist die Sache schnell klar, zufriedene Gäste natürlich. Schließlich kommt von ihnen das Geld, wodurch sich alles finanziert und ohne Gäste kein Hotel. Diese Argumentation ist durchaus einleuchtend, und auch wenn Katrin sich nicht sicher ist, ob zu einem erfolgreichen Hotel nicht doch noch mehr gehört, findet sie kein wirkliches Gegenargument. Miriam hingegen stimmt Salim zwar zu, mahnt jedoch, dass Erfolg ja auch messbar sein müsse. Und das sei bei Gästezufriedenheit nun mal eher schwierig. Nach einiger Diskussion einigen die drei sich auf eine Liste von Faktoren, die den Erfolg eines Hotels maßgeblich beeinflussen und auf deren Basis sie Kennzahlen bilden möchten:

Gästezufriedenheit	Umsatz	Gewinn	Qualität
Zimmerpreise	Mitarbeiterzufriedenheit	Kosten	Bewertungen
Stammgäste	Auslastung		

Sicherlich hat jeder der genannten Faktoren seine Berechtigung, allerdings mutet die Liste etwas bunt gemischt an. Es scheint sinnvoll, sie etwas zu sortieren und in Kategorien einzuteilen. Neben der Unterscheidung zwischen quantitativen und qualitativen Kennzahlen, kann zudem zwischen monetär bewerteten und nicht monetären Kennzahlen unterschieden werden. Diese Unterscheidung ist recht einfach, je nachdem, ob eine Kennzahl sich in einer Währung ausdrücken lässt oder nicht. Die Liste der Erfolgskennzahlen oben kann demnach wie folgt kategorisiert werden (vgl. Tab. 1.1).

Tab. 1.1: Kategorisierung von Kennzahlen.

	Monetär	Nicht-Monetär
Qualitativ		Gästezufriedenheit
		Qualität
		Mitarbeiterzufriedenheit
		Bewertungen
Quantitativ	Gewinn	Bewertungen
	Umsatz	Anzahl/Anteil Stammgäste
	Zimmerpreise	Auslastung/Belegung
	Kosten	

Es wird deutlich, dass die Aufteilung zwischen monetär und nicht monetär nur bei quantitativen Kennzahlen Sinn macht. Qualitative Kennzahlen, die zunächst quantifiziert werden müssen, werden in den allermeisten Fällen in anderen Einheiten (z. B. Punkte) dargestellt. Bewertungen können qualitativ sein, wenn es auf den Inhalt der Bewertungen ankommt. Wird hingegen die Anzahl an erhaltenen Bewertungen betrachtet oder sind diese bereits durch das Portal, auf welchem sie abgegeben wurden quantifiziert (z. B. durch die Vergabe von Sternen), so handelt es sich um quantitative Kennzahlen. Qualitative Kennzahlen definieren sich nicht über eine allgemeingültige Berechnung, da die Quantifizierungen individuell festgelegt werden können/müssen. Für die Vergleichbarkeit, gerade über Zeiträume hinweg, ist es hierbei sinnvoll, die Berechnung nicht ohne reifliche Überlegung zu ändern.

Die Berechnung von Kennzahlen lässt ihre Abhängigkeiten erkennen, also von welchen Faktoren der letztendliche Wert einer Kennzahl abhängt. Neben diesen direkten Abhängigkeiten ist es wichtig, zu verstehen, wie die einzelnen Kennzahlen zusammenhängen bzw. sich gegenseitig beeinflussen. Katrin kann mit Listen und Tabellen nicht viel anfangen und schlägt daher vor, die Kennzahlen in einem Schaubild darzustellen (vgl. Abb. 1.1).

Ausgangspunkt sind die Preise. Im Bereich der Zimmer werden sie oft auch Zimmerraten genannt, der Unterschied zwischen beiden Begriffen ist die Perspektive. Aus der Käufer-Perspektive, also jener des Gastes, hat ein Zimmer einen Preis, dieser wird üblicherweise brutto (inklusive Mehrwertsteuer und ggf. Provisionen) ausgedrückt. Aus Verkäufer-Perspektive, also jener des Hoteliers, generiert der Verkauf eines Zimmers eine Zimmerrate, diese wird netto (exklusive Mehrwertsteuer und ggf. Provisionen) ausgedrückt. Das Zusammenspiel von Preisen und Qualität beeinflusst maßgeblich die Gästezufriedenheit. Diese manifestiert sich, unter anderem, in der Anzahl von oder dem Anteil an Stammgästen und der Anzahl und Güte von Bewertungen. Gute Bewertungen und viele Stammgäste steigern die Auslastung (auch Belegung genannt). Menge mal Preis ergibt den Umsatz. Das können verkaufte Zimmer multipliziert mit der Durchschnittsrate sein oder auch verkaufte Speisen multipliziert mit dem jeweiligen Preis. Werden vom Umsatz die Kosten abgezogen, so erhält man den Gewinn. Die Kosten werden maßgeblich von der gebotenen Qualität beeinflusst. Eine hohe Mitarbeiterzufriedenheit steigert die Qualität, jedoch meist auch die Kosten (durch höhere Löhne und Gehälter oder auch Schulungen, Ausflüge etc.).

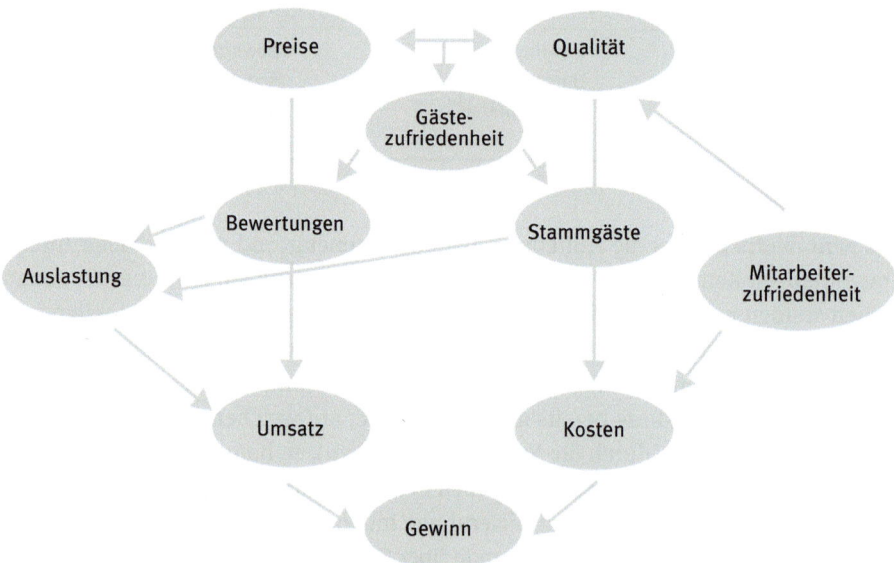

Abb. 1.1: Zusammenspiel von Erfolgskennzahlen.

1.2 Belegung, Rate, RevPAR

Nach der Kategorisierung der Kennzahlen und der Darstellung der Abhängigkeiten sehen die drei Freunde schon etwas klarer. „Aber", wirft Miriam ein, „das ist alles noch etwas zu abstrakt. Natürlich wollen wir Gewinn machen. Aber nur fest genug wollen, wird nicht reichen. Wir müssen verstehen, wo wir ansetzen müssen, um das Hotel wirtschaftlich zu führen." Salim versteht das Problem nicht: „Ist doch logo. Wir schauen am Monatsende auf unser Konto. Wenn wir Gewinn gemacht haben, ist alles gut. Wenn es sich auf Null ausgeht oder sogar negativ wird, müssen wir die Zimmerpreise erhöhen." „Zimmerraten", korrigiert Katrin, „wir Hoteliers sprechen von Zimmerraten." Miriam seufzt leicht auf: „Ich glaube, ihr macht es euch zu einfach. Wir können doch nicht das Monatsende abwarten, um zu sehen, ob etwas schiefläuft. Bis wir das dann korrigiert haben, ist vielleicht schon ein weiterer Monat um und wir fangen an, Schulden anzuhäufen. Und einfach die Raten zu erhöhen finde ich gefährlich. Was, wenn dann keine Gäste mehr kommen? Da müssen wir schon sicher gehen, dass wir uns nicht verrennen ..."

Miriam hat natürlich Recht. Am Monatsende kann es schon zu spät sein, um eine wirtschaftliche Schieflage kurzfristig zu korrigieren. Daher müssen bestimmte Kennzahlen täglich betrachtet werden. Zunächst beschränkt sich die Betrachtung auf Logiskennzahlen, also Kennzahlen aus dem Übernachtungsbereich des Hotels. Der Food & Beverage (F&B) Bereich wird später betrachtet. Diese Reihenfolge ist sinnvoll, da in den meisten klassischen Hotels – so auch im Hotel Pfiffikus – die Logiserlöse etwa 70 % des Gesamtumsatzes ausmachen. Das liegt daran, dass für eine Übernachtung im Regelfall wesentlich mehr Geld gezahlt wird als für ein Abendessen. ‚Im Regelfall‘ daher, da es natürlich auch Ausnahmen gibt. Selbstverständlich kann ein Menü im Sternelokal teurer sein als die Übernachtung in einer Jugendherberge, aber von diesen Extremfällen wird hier abgesehen. Zudem steht hinter den Logiserlösen eine wesentlich geringere Kostenstruktur. Ist das Zimmer vorhanden und betriebsbereit (also geheizt, beleuchtet etc.), so sind die Grenzkosten, also die Kosten die eine zusätzliche Übernachtung verursacht, relativ gering. Meist beschränken sie sich auf die Reinigung der Zimmer. Wenn ein Restaurant eingerichtet, geheizt und beleuchtet ist, braucht es immer noch Speisen und Getränke, Köche und Kellner um Umsatz zu erzielen. Daher liegt der wirtschaftliche Fokus oft zunächst auf den Logiserlösen, die entscheidender für den wirtschaftlichen Erfolg eines Hotels sind.

Bei den Erfolgsfaktoren wurde schon eine wichtige Logiskennzahl genannt: die Zimmerrate, also wie viel Umsatz je belegtem Zimmer generiert wird. Diese wird grundsätzlich ohne Frühstück und netto angegeben. Sollte sie eine Provision beinhalten, so wird auch diese abgezogen. Dieser Fall wird jedoch später noch detailliert erläutert.

Beispiel:

Zimmerpreis (was der Gast bezahlt):		100,00 €
Abzüglich Frühstücksanteil:	./.	10,00 €
Zimmerrate brutto		90,00 €
Abzüglich Mehrwertsteuer (7 %)	./.	6,30 €
Zimmerrate netto		**83,70 €**

Wenn von einer Zimmerrate von 83,70 € die Rede ist, so ist das der Betrag, welcher dem Hotel bleibt, um Kosten zu decken und Gewinn zu machen. Dieser Wert entspricht nicht dem Betrag, den der Gast bezahlt hat, ist für das Hotel jedoch die relevantere Kennzahl. Der Frühstücksanteil wurde hier pauschal mit 10,00 € angenommen. Diesen Wert kann jedes Hotel selbst festlegen, je nachdem, wie viel das Frühstück pro Gast kostet. Eine Herausrechnung des Frühstücks ist natürlich nur dann erforderlich, wenn die Zimmerraten inklusive Frühstück angeboten werden. Wenn der Gast ein Zimmer ohne Frühstück gebucht hat, muss auch nichts herausgerechnet werden. Wenn jedoch im Gesamtpreis, welchen der Gast bezahlt, Frühstück enthalten ist, so muss dieses im Sinne einer sauberen Kostenrechnung und aufgrund der unterschiedlichen Mehrwertsteuersätze getrennt verrechnet werden.

Mit dem oben gezeigten Rechenbeispiel kann nun für jeden Gast bzw. für jede Übernachtung die Zimmerrate ausgerechnet werden. Diese können stark variieren. Der Hotelier hat die Möglichkeit, die Preise für eine Übernachtung je nach Zimmerkategorie, Buchungszeitpunkt, Übernachtungszeitpunkt, Gästekreis etc. (siehe Yield Management) anzupassen. Interessant ist daher nicht die Zimmerrate einer einzelnen Übernachtung, sondern die durchschnittliche Zimmerrate einer Periode. Dafür wird der Logisumsatz einer Periode durch die belegten Zimmer einer Periode geteilt. Dies kann für die vergangene Nacht betrachtet werden oder auch für den letzten Monat, das letzte Quartal, das letzte Jahr. Im Revenue Management werden zumeist die englischen Begriffe bzw. Abkürzungen genutzt. Hier gibt es zwei gängige Begriffe, die Average Room Rate (ARR) also die durchschnittliche Zimmerrate. Etwas enger gefasst ist der Begriff Average Daily Rate (ADR), also die durchschnittliche Zimmerrate an einem (bestimmten) Tag. In der Praxis werden beide Begriffe oft synonym verwendet, korrekterweise sollte ADR jedoch nur dann verwendet werden, wenn die betrachtete Periode genau einem Tag entspricht. Zimmerraten können mit Sicherheit immer nur in der Vergangenheit bestimmt werden. Für die Zukunft werden sie als Basis für Entscheidungen und Planungen prognostiziert. Jedoch wird die durchschnittliche Rate durch Buchungen und Stornierungen auch sehr kurzfristig noch beeinflusst, so dass nur die Vergangenheitsbetrachtung die korrekte Rate zeigen kann.

Zu beachten ist hierbei auch, dass nur Umsatz von tatsächlich genutzten Zimmern als Logisumsatz gilt und somit die Zimmerrate beeinflusst. Wenn ein Gast nicht anreist und aufgrund der Stornierungsbedingungen dennoch für das Zimmer bezahlen muss, so sind hierbei zwei Dinge zu beachten: zum einen orientiert sich die Rechtsprechung an der sogenannten Berliner Tabelle, wonach der Hotelier nicht den gesamten Zimmerpreis in Rechnung stellen darf. Schließlich sind ihm durch die Nichtanreise des Gastes ja auch Kosten erspart geblieben – er muss beispielsweise das Zimmer nicht reinigen. Daher werden üblicherweise nur 90 % des Übernachtungspreises in Rechnung gestellt – außer Hotel und Gast vereinbaren individuell eine andere Vorgehensweise. Zudem sind diese 90 % der Zimmerrate nicht durch eine Übernachtung entstanden, also kein Logisumsatz. Sie sind vielmehr als Schadensersatzleistung zu sehen. Der Gast ersetzt dem Hotel den entgangenen Umsatz. Daher werden diese Erlöse nicht im Bereich Logis sondern im Bereich Sonstiges (bzw. Others) verbucht und haben somit keinen Einfluss auf die durchschnittliche Zimmerrate.

Eine weitere wichtige Logiskennzahl, welche oben schon kurz genannt wurde ist die Auslastung oder auch Belegung. Sie gibt an, wie viel Prozent der zur Verfügung stehenden Zimmer während einer bestimmten Periode belegt waren. Wie die Zimmerrate ist auch die Auslastung eine vergangenheitsorientierte Kennzahl. Sicher angeben kann man diese Zahl immer erst, wenn die Nacht vorbei ist. Jeder Gast, welcher ohne Reservierung in das Hotel kommt und kurzfristig ein Zimmer benötigt sowie jene Gäste, welche trotz Reservierung nicht anreisen, beeinflussen die Auslastung. Ebenfalls analog zur Zimmerrate kann die Auslastung für verschiedene Zeitperioden angegeben werden (z. B. Tag, Monat, Quartal, Jahr). Hier unterscheidet sich der Begriff jedoch nicht, es wird immer der englische Begriff Occupancy (OCC) genutzt.

Belegung und Rate sind die beiden zentralen Werte bei den Logiskennzahlen. Sie sind Menge und Preis in der allgemeingültigen Umsatz-Definition und sind somit die beiden Stellhebel für den Logisumsatz. Sie können – wie oben beschrieben – als Durchschnittswerte für bestimmte Perioden angegeben werden, aber auch auf bestimmte Kundensegmente oder Zimmerkategorien bezogen werden, um diese zu analysieren. Es stellt sich nun die Frage, welche der beiden Kennzahlen wichtiger ist, die Auslastung des Hotels oder die durchschnittliche Zimmerrate. Für Salim war klar, die Zimmerraten zu erhöhen, wenn der Umsatz zu gering ausfällt. Miriam hatte da ihre Zweifel, welche Auswirkungen das auf die Auslastung haben würde. Um die Bedeutung dieser Kennzahlen zu veranschaulichen hilft es, in Extremen zu denken. Bei einer Konzentration rein auf die Belegung unter völligem außer Acht lassen der Rate, würde die Rate so weit gesenkt, bis man eine Belegung von möglichst 100 % erreicht. Dies würde so weit gehen, dass die Rate ggf. nur noch im einstelligen Eurobereich liegt. Der Umsatz wäre – trotz hoher Belegung – entsprechend gering. Wird nun andersherum der Fokus rein auf die Rate gelegt, ohne Rücksicht auf die Belegung, so hätte man im Extremfall das „Präsidentensuite-Dilemma". Nur ein Zimmer verkauft, aber das zu einer sehr hohen Rate. Der Umsatz würde wieder entsprechend gering ausfallen. Es kann also nicht eine der beiden Kennzahlen als wichtiger als die andere angesehen werden – die Balance aus beiden ist entscheidend, um den Umsatz zu maximieren.

Daher gibt es eine weitere Kennzahl, welche Belegung und Rate zusammenbringt: der Revenue Per Available Room (RevPAR), also der Umsatz je verfügbarem Zimmer. Um diesen zu berechnen, wird der Logisumsatz einer Periode durch die verfügbaren Zimmer einer Periode geteilt. Verfügbare Zimmer sind im Regelfall alle Zimmer, die ein Hotel hat. Herausgerechnet werden Zimmer üblicherweise nur dann, wenn sie für einen längeren Zeitraum (meist mehrere Wochen) aufgrund von Renovierungsarbeiten, Schäden etc. nicht verfügbar sind und damit nicht verkauft werden können. Man spricht dann davon, dass diese Zimmer Out Of Order (OOO) sind. Alternativ kann der RevPAR auch berechnet werden indem das Produkt von Belegung und Rate durch 100 geteilt wird. Üblich ist jedoch der zuerst beschriebene Rechenweg, da er sich aus Namen und Definition der Kennzahlen auch besser herleiten lässt.

Durchschnittsrate und RevPAR teilen also jeweils den Logisumsatz einer Periode durch eine Anzahl von Zimmern. Bei der Durchschnittsrate wird durch die Anzahl an belegten Zimmer, beim RevPAR durch die Anzahl an verfügbaren Zimmern geteilt. Beide Kennzahlen entsprechen sich dann, wenn die verfügbaren Zimmer den belegten Zimmern entsprechen, die Auslastung also bei 100 % liegt.

Beispiel: Hotel mit 100 Zimmern

Fall 1: 65 Zimmer belegt, Logisumsatz 5.395,00 €

Durchschn. Zimmerrate (ARR):	5.395,00 € / 65 = 83,00 €
Auslastung (OCC):	100 / 65 * 100 = 65 %
RevPAR	5.395,00 € / 100 = 53,95 € oder 83,00 € * 65 / 100 = 53,95 €

Fall 2: 100 Zimmer belegt, Logisumsatz 8.900,00 €

Durchschn. Zimmerrate (ARR):	8.900,00 € / 100 = 89,00 €
Auslastung (OCC):	100 / 100 * 100 = 100 %
RevPAR	8.900,00 € / 100 = 89,00 € oder 89,00 € * 100 / 100 = 89,00 €

Im ersten Fall liegt der RevPAR deutlich unter der durchschnittlichen Zimmerrate, da die Belegung von nur 65 % mit in die Berechnung einfließt. Im zweiten Fall entspricht die Anzahl der verkauften Zimmer jener der verfügbaren Zimmer. Die Rechenwege für RevPAR und ARR sind identisch, ebenso wie die Ergebnisse für beide Kennzahlen.

1.3 Relationen von Kennzahlen

„Puh, jetzt raucht mir ganz schön der Kopf." Salim steht auf und streckt sich. „Das ist ja ganz schön kompliziert, Belegung und Rate in die richtige Balance zu bringen." Katrin klopft ihm aufmunternd auf die Schulter: „Das wird schon. Dafür gibt es ja den RevPAR, damit können wir diese Balance immer schnell und einfach ausrechnen und vergleichen und wissen direkt, ob sie uns eher gut oder schlecht gelungen ist." Miriam runzelt die Stirn: „Echt? Wenn wir den RevPAR ausrechnen, wissen wir dann sofort ob wir gut oder schlecht sind? Das glaube ich nicht. Wenn wir einen RevPAR von 60,00 € ausrechnen, sind wir dann gut oder schlecht?" „Ihr macht es aber auch kompliziert!" beschwert sich Salim: „Natürlich sind wir dann gut! Das kann sogar ich rechnen: 60,00 € je verfügbarem Zimmer, also RevPAR, das heißt 60,00 € mal 50 Zimmer das macht 3.000 €. Und hier sprechen wir ja von Nettobeträgen. Dreitausend Euro an einem Tag zu verdienen ist doch super! Davon können wir locker leben." „Das mag schon sein", lächelt Miriam: „aber woher wissen wir, ob wir nicht doch zu vorsichtig waren und noch mehr Geld je Zimmer hätten verdienen können?" „Easy", meint Katrin: „wir sammeln einfach Erfahrungswerte. Wenn wir den RevPAR jeden Tag ausrechnen dann wissen wir ja nach einer Zeit, was ein guter Wert und was ein schlechter Wert ist, dann können wir auch die 60,00 € aus Deinem Beispiel besser einordnen."

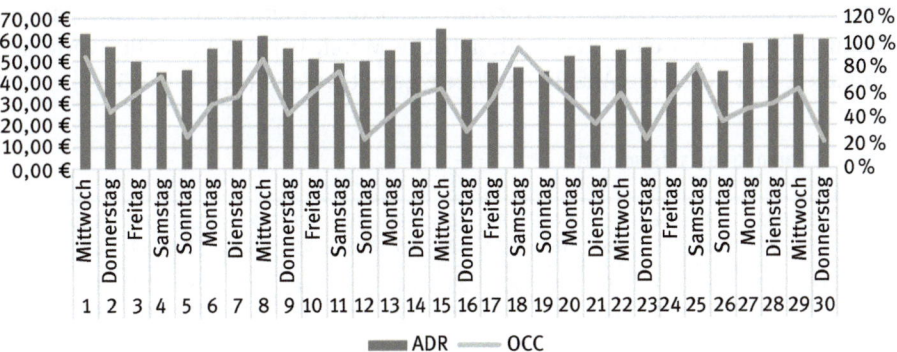

Abb. 1.2: Rate und Belegung im Monatsverlauf.

Tab. 1.2: Beurteilung von Rate und Belegung einzelner Tage.

Tag	Rate	Belegung	Beurteilung
1	€ 63,00	90 %	Sehr gut
5	€ 46,00	26 %	Eher schlecht
21	€ 52,00	56 %	Mittel

Die Diskussion der drei Jungunternehmer zeigt sehr deutlich eine Grenze von Kennzahlen auf: sie beschreiben einen Zustand. Nicht mehr und nicht weniger. Aufgrund dieser Beschreibung einen Zustand zu beurteilen, kann fast nur auf dem Niveau stattfinden, welches Salim vorgeschlagen hat: der Status quo reicht für die persönlichen (Umsatz-)Ziele aus – oder eben nicht. Für eine detaillierte Beurteilung oder eine Bewertung – also eine in Zahlen ausgedrückte Beurteilung – werden Referenzwerte benötigt. Wie von Katrin vorgeschlagen, können das Zeitreihenwerte sein.

Abbildung 1.2 zeigt die Entwicklung von Durchschnittsrate und Belegung im Verlauf eines Monats im Hotel Pfiffikus. Die tägliche Durchschnittsrate schwankt zwischen 45,00 € und 63,00 €, die Belegung zwischen 22 % und 90 %. Mit diesen ersten Informationen lässt sich ein bestimmter Tageswert schon etwas besser beurteilen (vgl. Tab. 1.2).

Die Beurteilung ist zwar recht rudimentär, aber immerhin lässt sich so eine Aussage treffen, ob es sich beim betrachteten Tag um einen starken oder einen schwachen Tag innerhalb des Monats (bzw. des Vergleichszeitraumes) handelt. Allerdings ist „eher schlecht" nicht wirklich aussagekräftig. Es ist nicht bekannt, wie viele Abstufungen es hier noch gibt (ziemlich schlecht, schlecht, wirklich schlecht etc.) und wann welcher Ausdruck verwendet wird. Hierfür wäre wieder einer Erklärung nötig. Das wiederum ist kontraproduktiv, da Kennzahlen ja schnell und einfach über Zustände informieren sollen. Daher ist es oft sinnvoll, aus der Beurteilung eine Bewertung zu machen. In diesem Fall sollen die Werte an einem bestimmten Tag ins Verhältnis gesetzt werden zu den Werten im Laufe des Monats.

Es macht also Sinn, einen Durchschnitt zu bilden. Hierfür gibt es zwei gängige Möglichkeiten: zum einen das arithmetische Mittel, bei welchem alle Werte aufsummiert und durch die Anzahl der Werte geteilt werden (vgl. Tab. 1.3).

Tab. 1.3: Raten je Tag aufsummiert.

Tag	1	2	3	4	5	6	7	8	9	10	11	12	13	14	15	Summe
Rate	63	57	50	45	46	56	60	62	56	51	49	50	55	59	65	**824,00**
Tag	16	17	18	19	20	21	22	23	24	25	26	27	28	29	30	Summe
Rate	60	49	47	45	52	57	55	56	49	46	45	58	60	62	60	**801,00**

Tab. 1.4: Raten je Tag aufsteigend sortiert.

Tag	4	19	26	5	25	18	11	17	24	3	12	10	20	13	22
Rate	45	45	45	46	46	47	49	49	49	50	50	51	52	55	55
Tag	6	9	23	2	21	27	14	7	16	28	30	8	29	1	15
Rate	56	56	56	57	57	58	59	60	60	60	60	62	62	63	65

Die Durchschnittsrate des betrachteten Monats beträgt mit dem arithmetischen Mittel berechnet 54,17 €. Diese Berechnungsmethode ist die häufigste und auch bekannteste Methode, wenn es darum geht, einen Durchschnitt zu berechnen. Gerade bei stark schwankenden Werten können diese jedoch verfälscht werden. Wenn nun die Rate an einzelnen Tagen sehr hoch oder sehr niedrig wird, so haben diese Tage einen starken Einfluss auf den Durchschnitt. Dieser Effekt verfälscht das Ergebnis, schließlich waren es nur einzelne Tage, welche nicht repräsentativ für einen durchschnittlichen Tag sind. Dieser Problematik entgeht die zweite Berechnungsmethode, bei welcher der Median anstatt dem arithmetischen Mittel berechnet wird. Hierfür werden alle Werte in aufsteigender Reihenfolge sortiert (vgl. Tab. 1.4). Jener Wert, welcher dann in der Mitte steht, ist der Median.

Bei den 30 betrachteten Tagen stehen zwei Werte in der Mitte, in diesem Beispiel Tag 22 mit 55,00 € und Tag 6 mit 56,00 €. Der Median ist genau die Mitte zwischen diesen beiden Werten, also 55,50 €. Somit ist in diesem Beispiel der Median etwas höher als das arithmetische Mittel. Das deutet darauf hin, dass beim arithmetischen Mittel die niedrigen Raten etwas zu stark ins Gewicht gefallen sind. Im Beispiel ist der Unterschied zwischen beiden Ergebnissen nicht besonders hoch, da die Bandbreite der Schwankungen recht gering ist. Würden die Raten stärker schwanken, könnte der Unterschied zwischen arithmetischen Mittel und Median deutlich größer ausfallen. Ein unverfälschteres Bild der Realität gibt der Median, weswegen er korrekterweise vorzuziehen wäre. Er ist jedoch in der Praxis nicht besonders weit verbreitet, hier wird meist das arithmetische Mittel verwendet. Die Entscheidung für einen der beiden Durchschnittswerte sollte daher bewusst getroffen werden. Es ist nicht falsch, sich für das arithmetische Mittel zu entscheiden, solange man sich der möglichen Verfälschung des Ergebnisses bewusst ist und sie bei der Interpretation der Ergebnisse berücksichtigt. Für die Beispiele in diesem Buch wird grundsätzlich mit dem Median gerechnet, außer es wird explizit auf das arithmetische Mittel hingewiesen.

Wenn nun der Monatsdurchschnitt von Belegung und Rate berechnet wurde, lassen sich einzelne Tage nicht nur beschreiben und beurteilen, sondern nun auch bewerten, wie Tabelle 1.5 zeigt. Hinter Rate und Belegung ist nun in Klammern der Median des Monats eingefügt.

Tab. 1.5: Unterschied zwischen Beschreiben, Beurteilen und Bewerten.

Tag	Rate (55,50 €)	Belegung (57 %)	Beurteilung	Bewertung
1	63,00 €	90 %	Sehr gut	Rate 14 % (7,50 €) über dem Durchschnitt Belegung 33 Prozentpunkte über dem Durchschnitt
5	46,00 €	26 %	Eher schlecht	Rate fast 10,00 € unter dem Durchschnitt Belegung weniger als die Hälfte des Durchschnitts
21	52,00 €	56 %	Mittel	Belegung entspricht etwa dem Monatsdurchschnitt Rate etwas niedriger

Wie die Beispiele der Bewertungen zeigen, ergibt sich eine Vielzahl von Möglichkeiten, welche Zahlen hervorgehoben werden und mit welchem Detailgrad. Tag 1 wurde sehr genau bewertet und die exakte Abweichung des Tages zum Durchschnitt genannt, sowohl absolut (als Eurowert bzw. Prozentpunkte) und auch relativ (14 %). Bei Tag 5 wurden die Zahlen nur grob beschrieben während die Bewertung von Tag 21 komplett ohne konkrete Zahlennennung auskommt. Die Entscheidung über den Detailgrad hängt von der Persönlichkeit des Kommentierers ebenso ab wie von der Zielgruppe. So wird Salim vermutlich anders kommentieren als Miriam und Katrin würde ihren Eltern gegenüber einen anderen Detailgrad wählen als gegenüber einer Bank.

Neben dem Vergleich mit Zeitreihen oder Durchschnittswerten einer Periode gibt es noch einige andere Möglichkeiten, Kennzahlen zu beurteilen und zu bewerten. So können Belegung und Rate an einem Mittwoch, den 14. Oktober, zum Beispiel mit verschiedenen Mittwochswerten verglichen werden, oder mit dem 14. Oktober des Vorjahres oder aber mit dem Vergleichstag des Vorjahres. Es kann zum Beispiel sein, dass der 14. Oktober des Vorjahres ein Dienstag war, dann wäre es sinnvoller, den Vergleich mit dem 15. Oktober zu führen. Auch Ferien, Messezeiten und Feiertage sind bei den Vergleichen zu berücksichtigen, darauf wird jedoch später noch genauer eingegangen.

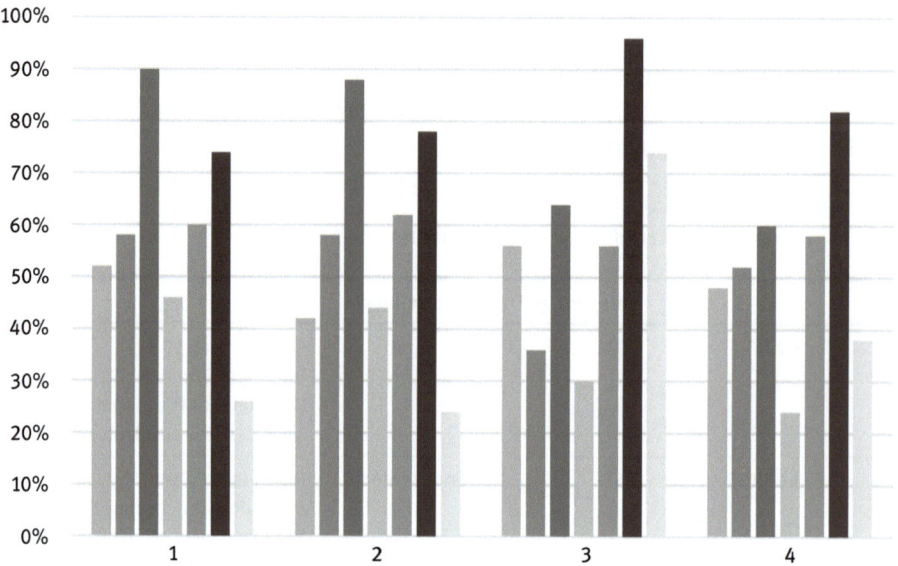

Abb. 1.3: Sortierung der Belegung nach Wochen.

Bei Betrachtung der Zeitreihe von Belegung und Rate in Abbildung 1.2 fällt beispielsweise auf, dass beide Werte periodisch zu schwanken scheinen. Ohne weitere Besonderheiten des betrachteten Monats zu kennen, könnte dies an den Wochentagen liegen. Zur Verdeutlichung kann der Monat wochenweise dargestellt werden. Abbildung 1.3 stellt die Belegung des betrachteten Monats in vier Wochen dar, beginnend jeweils mit Montag.

Es wird deutlich, dass die Belegung von Montag bis Mittwoch immer zu steigen scheint, um dann von Mittwoch auf Donnerstag rapide abzufallen. Freitag und Samstag steigt sie dann wieder, bevor am Sonntag die Belegung wieder recht niedrig ist. Eine Ausnahme bildet Woche drei, hier ist das Gefälle zwischen Samstag und Sonntag nicht so stark, dafür ist der Dienstag schwächer als der Montag. Bei der Bewertung einzelner Tage muss somit nicht der Monatsdurchschnitt als Vergleich dienen, es kann der jeweilige Durchschnitt je Wochentag gebildet werden. Dadurch werden die Vergleiche wesentlich aussagekräftiger. So ist die Belegung des Sonntags in Woche drei mit 74 % im Vergleich zum Monatsdurchschnitt von 57 % zwar stark, sehr viel deutlicher wird die außergewöhnlich starke Belegung des Tages jedoch, wenn man sie mit dem Durchschnitt aller Sonntage des Monats vergleicht. Diese weisen im Schnitt nämlich eine Belegung von 32 % auf.

Je mehr Daten vorhanden sind, desto mehr Analysen und Vergleiche lassen sich ziehen. Es ist jedoch wenig sinnvoll, Werte aus der weiten Vergangenheit zu bemühen. Die Belegung von vor 10 Jahren hat kaum einen Aussagewert für die heutige Belegung, da sich Marktumfeld, Wettbewerb und auch das eigene Hotel in dieser Zeit meist stark geändert haben. Üblicherweise sind also eher jene Tage miteinander vergleichbar, welche zeitlich nah beieinanderliegen. Dies gilt nicht für besondere Daten oder Anlässe. So ist die Belegung am 31.12. wohl am besten mit dem 31.12. des Vorjahres zu vergleichen. Der 24.12. oder der 07.01. mögen zwar jeweils auf denselben Wochentag fallen, dieser spielt an Silvester jedoch eine eher untergeordnete Rolle.

1.4 Marktanteil

Bei dieser Fülle an Analysemöglichkeiten glänzen Miriams Augen, während Salim davor warnt, sich in zu vielen Analysen zu verlieren, schließlich sei die Gästezufriedenheit ja auch ein Erfolgsfaktor! Katrin sieht die Situation eher pragmatisch und stellt eine weitere Frage in den Raum: „Mit dem Sammeln von Daten und der Zeitreihenanalyse sind wir ja schon einen ganzen Schritt weiter. Wenn unser RevPAR jetzt bei 60,00 € liegt, können wir sagen, ob das für den Tag oder auch den Monat eher hoch oder eher niedrig ist und ob wir im Vorjahr besser oder schlechter waren. So können wir das alles schön beschreiben und bewerten, aber Gründe kennen wir dadurch doch nicht, oder? Wenn unsere Belegung an einem Mittwoch jetzt sehr schlecht ist, im Vergleich zu den anderen Mittwochen in einem Vergleichszeitraum, dann wissen wir nicht warum." „Das stimmt", sinniert Miriam: „man müsste wissen ob es nur uns so geht, oder ob andere Hotels auch so eine schlechte Belegung hatten. Dann können wir gucken ob wir etwas falsch gemacht haben oder ob der Markt sich ändert und wir darauf reagieren müssen. Aber wir werden ja wohl kaum die Zahlen von einem anderen Hotel, mit dem wir konkurrieren, bekommen."

Wie Katrin und Miriam festgestellt haben, ist neben zeitlichen Vergleichen innerhalb eines Unternehmens auch ein Vergleich mit Werten des Unternehmensumfeldes sinnvoll. Um die Marktmechanismen nicht zu torpedieren und sich nicht der Preisabsprache schuldig zu machen, sollte ein Durchschnittswert für den relevanten Markt (mindestens fünf Betriebe) gebildet werden. Um Preisabsprachen zu verhindern, sammeln die Hotels diese Zahlen nicht selbst. Es gibt Dienstleister, an welche Hotels ihre Belegung und ihre Durchschnittsrate des vergangenen Tages schicken. Die Dienstleister berechnen dann die Durchschnittswerte und stellen den Hotels Vergleiche ihrer Zahlen mit den jeweiligen Durchschnittszahlen zur Verfügung. Die Freunde stellen also eine Liste mit ihren wichtigsten Mitbewerbern, dem sogenannten Competition Set (Compset), zusammen. Da es im Ort selbst kein weiteres Hotel gibt, stehen auf der Liste auch Hotels der Nachbarorte bzw. der Stadt. Nach einiger Zeit erhalten sie tatsächlich die erste Aufstellung (Report), welche in Tabelle 1.6 dargestellt ist.

Tab. 1.6: MPI Report.

Occupancy	Own Property	Compset	MPI
October 14th	44,0 %	47,3 %	93,0
Running month to date	51,9 %	52,7 %	98,5

Die Belegung des vergangenen Tages (14. Oktober) wird im Hotel Pfiffikus als own property dargestellt, der Mittelwert des Marktes als der Wert des Compsets. Im Wert des Compsets ist der eigene Wert des Hotels Pfiffikus auch mit enthalten, da es auch Teil des Marktes ist. Das Hotel Pfiffikus war zu 44 % belegt, der Markt (Pfiffikus + Mitbewerber) im Schnitt zu 47,3 %. Um dieses Verhältnis zwischen Pfiffikus und Markt in einer Zahl auszudrücken, wird die Zahl indexiert, also ein fixer Referenzwert geschaffen. In diesem Fall ist der Referenzwert die durchschnittliche Belegung im relevanten Markt, sie entspricht im Index 100. Wenn das Hotel Pfiffikus genauso stark belegt war wie der Durchschnitt des Marktes, so liegt der Indexwert für Pfiffikus bei 100. War es schwächer belegt sinkt der Wert unter 100, war es stärker belegt über 100. Dieser Indexwert heißt im Falle der Belegung Market Penetration Index (MPI). Im Beispiel liegt er bei 93, da das Hotel Pfiffikus am 14. Oktober ja schlechter belegt war als der Durchschnitt des Marktes. Durch die Indexierung geht die Einheit verloren, es wird also nicht von 93 % gesprochen. Der MPI an sich wird ohne Einheit genannt, als Erklärung kann angegeben werden, dass das Hotel Pfiffikus 93 % der Belegung des Marktes erreicht hat. Da die Angabe von Prozentwerten in Verbindung mit Belegung jedoch zu Verwirrung führen kann, wird darauf oftmals verzichtet. Die Berechnung des MPI ist eine einfache Prozentrechnung:

$$MPI = \text{eigene Belegung} / \text{Belegung Markt} * 100$$

Neben den Werten des vergangenen Tages enthält der Report zudem eine Zeile mit den auflaufenden Monatswerten (Running month to date). Sowohl das Hotel Pfiffikus als auch der Markt waren vom ersten bis vierzehnten Oktober also im Schnitt besser belegt als am 14. Oktober selbst. Monatsauflaufend liegt das Hotel Pfiffikus leicht unter seinem gewählten Vergleichsmarkt, jedoch nicht so stark wie am 14. Oktober.

Analog zu den Werten der Belegung enthält der Report auch Vergleichszahlen für die Rate und den RevPAR (vgl. Tab. 1.7 und Tab. 1.8).

Tab. 1.7: ARI Report.

Rate	Own Property	Compset	ARI
October 14th	63	61	103,3
Running month to date	59	60	98,3

Tab. 1.8: RGI Report.

RevPAR	Own Property	Compset	RGI
October 14th	27,7	28,9	95,9
Running month to date	30,6	31,6	96,8

Bei Betrachtung der Rate wird deutlich, dass das Hotel Pfiffikus im Vergleich zum Markt am 14. Oktober etwas teurer war, monatsauflaufend jedoch leicht unter der Durchschnittsrate des Marktes liegt. Der Indexwert heißt hier Average Rate Index (ARI).

$$ARI = \text{eigene Rate} / \text{Rate Markt} * 100$$

$$RGI = \text{eigener RevPar} / \text{RevPar Markt} * 100$$
$$\text{oder}$$
$$RGI = MPI * ARI / 100$$

Der RevPAR sagt mehr aus als ARR und OCC separat betrachtet, da der RevPAR beide Größen berücksichtigt. MPI und ARI sagen mehr aus als OCC und ARR, da die Indexwerte die Leistung (performance) des Marktes mit einbeziehen. Der Revenue Generation Index (RGI) ist somit die wichtigste Kennzahl im Logisbereich, da sie Belegung, Rate und Marktumfeld berücksichtigt. Am 14. Oktober hatte das Hotel Pfiffikus eine schlechtere Belegung als das Marktumfeld, jedoch eine höhere Rate. Dennoch lag der RevPAR unter dem Durchschnitt des Compsets, die starke Rate hat den Verlust in der Belegung also nicht kompensiert. Würde man nur den ARI betrachten (103,3) so käme man zu dem Schluss, dass das Hotel Pfiffikus besser abgeschnitten hat als die Mitbewerber. Bei der reinen Betrachtung des MPI (93,0) sieht es so aus, als ob das Pfiffikus deutlich schlechter war. Die Wahrheit liegt in der Mitte, der RGI bei 96,1.

MPI, ARI und RGI beschreiben die Performance im Vergleich zum Wettbewerb. Oftmals wird auch davon gesprochen, dass sie den Marktanteil beschreiben. Es ist zwar einerseits korrekt, dass sie eine Aussage über den Marktanteil treffen, allerdings kann eine zu einfache Ausdrucksweise hier schnell zu falschen Interpretationen führen. So liegt im Beispiel der RGI bei 96,1, das bedeutet jedoch nicht, dass das Hotel Pfiffikus einen Marktanteil von 96,1% hat – das würde auf ein Monopol hindeuten. Richtig ist, dass der Indexwert 100 davon ausgeht, dass der Markt gerecht zwischen den Teilnehmern aufgeteilt ist. Wenn der RGI des Hotel Pfiffikus bei 100 liegt, so hat es genau jenen Marktanteil, welcher ihm bei einer gerechten Aufteilung zustehen würde, man spricht hier auch von Fair Share. Der RGI von 96,1 drückt aus, dass das Hotel Pfiffikus in der betrachteten Periode nur 96,1% seines Fair Shares erreicht hat.

1.5 Wareneinsatz, Doppelbelegungsfaktor, Frühstücksanteil

„Das ist ja alles schön und gut", meint Katrin: „aber unser Hotel besteht ja nicht nur aus Zimmern. Ich hab' zwar verstanden, dass die den meisten Umsatz bringen, aber immerhin haben wir noch ein Restaurant, eine Bar und Frühstück bieten wir auch an. Ist es hier komplett egal, was wir wie tun? Oder gibt es da auch Kennzahlen, auf die wir gucken sollten?"

Auch wenn das Revenue Management klassisch hauptsächlich auf den Logisbereich angewendet wird, so darf der Food & Beverage (F&B) Bereich natürlich nicht außer Acht gelassen werden. Auch wenn die Umsätze absolut meist geringer sind als im Logisbereich, so sind doch Optimierungsmöglichkeiten vorhanden, welche genutzt werden sollten. Bereits kurz angesprochen wurde der Frühstücksanteil. Er stellt den Teil der Zimmerrate dar, welcher für das Frühstück verwendet wird. Um zu bestimmen, wie hoch dieser im Idealfall sein sollte, müssen natürlich die Kosten für das Frühstück bekannt sein. Wenn das Frühstück aus zwei Brötchen, einer festgelegten Menge an Butter, Wurst, Käse, Marmelade und Eiern besteht, so lassen sich die Kosten hierfür pro Gast recht einfach feststellen. Man spricht hier von den Wareneinsatzkosten, also wie viel die Waren gekostet haben, mit denen das Frühstück zubereitet wird. Diese werden meist in Prozent vom Umsatz angegeben (vgl. Tab. 1.9).

Tab. 1.9: Kalkulation Wareneinsatz Speisen Frühstück.

Menge	Einheit	Bezeichnung	Einzelpreis (netto)	Gesamtpreis
2	Stück	Brötchen	0,32 €	0,64 €
40	Gramm	Butter	0,08 € / 10 g	0,32 €
50	Gramm	Marmelade	0,18 € / 25 g	0,36 €
15	Gramm	Nutella	0,50 € / 15 g	0,50 €
50	Gramm	Wurst	0,80 € / 100 g	0,40 €
60	Gramm	Käse	0,83 € / 100 g	0,50 €
2	Stück	Eier	0,28 € / Stück	0,56 €
Summe (netto)				3,28 €
Verkaufspreis (netto)				10,93 €
Wareneinsatz (3,28 € / 10,93 € * 100 %)				**30,00 %**

Diese Kalkulation ist recht einfach gehalten, da sie lediglich als Beispiel für die Berechnung des Wareneinsatzes dienen soll. Es fehlen zum Beispiel die unechten Gemeinkosten für Gewürze oder auch für Gemüse welches zum Garnieren genutzt wird. Der Wareneinsatz von etwa 30 % bei Speisen ist ein grober Richtwert, der je nach Restaurant und Gericht schwankt. Im Hotel Pfiffikus wurde bisher nicht so detailliert kalkuliert, jedoch sagt Herr Schnudel dass die Rechnungen von seinen

Lieferanten etwa 30 % des Speisenumsatzes und etwa 15 % des Getränkeumsatzes ausmachen. Der oben kalkulierte Wareneinsatz für Speisen kann natürlich analog auch für Getränke durchgeführt werden.

Viele Hotels bieten ihren Gästen jedoch kein festgelegtes Frühstück an, wie obenstehende Kalkulation vermuten lässt, sondern ein Frühstücksbüffet. Hier ist es wesentlich komplizierter die Kosten je Gast zu ermitteln, da jeder Gast sich individuell am Büffet bedient. So variieren natürlich auch die Mengen je Frühstücksbestandteil, welche täglich benötigt werden. Hier kann viel abgewogen, kalkuliert und produziert werden, letztendlich beruhen die Mengen oftmals auf Erfahrungswerten, da auch jede Gästegruppe andere Frühstücksgewohnheiten hat. Im Hotel Pfiffikus hat sich herausgestellt, dass ein Frühstücksbüffet in der ‚Grundausstattung' also mit einer Schüssel bzw. Platte je Bestandteil, für etwa 20 – 30 Personen reicht. Wenn weniger als 20 Personen frühstücken, bleiben Lebensmittel übrig welche dann entsorgt werden müssen und zu unnötigen Kosten und einem hohen Wareneinsatz führen. Dieses Büffet für 20–30 Personen kostet laut dem Küchenchef 110,00 € an Wareneinsatz. Für jeweils 10 Personen mehr entstehen Zusatzkosten von 28,00 €. Um festzustellen, für wie viele Gäste Frühstück bereitgestellt werden muss, ist die reine Zimmerbelegung jedoch nicht ausreichend.

Im Beispielmonat, welcher für die Logiskennzahlen betrachtet wurde, schwankt die Anzahl der belegten Zimmer im Hotel Pfiffikus zwischen 11 und 48. Wenn es sich hierbei rein um Einzelzimmer, bzw. einzeln belegte Zimmer handelt, entspricht die Anzahl der belegten Zimmer der Anzahl der Gäste. Das Hotel Pfiffikus hat jedoch ausschließlich Doppelzimmer, die teilweise mit einer und teilweise mit zwei Personen belegt werden. Die genaue Anzahl an Gästen müsste also je nach Buchungslage abgezählt werden. Da dies zu aufwändig wäre, kann man sie mithilfe des Doppelbelegungsfaktors prognostizieren. Er gibt den Anteil der doppelt belegten Zimmer an, bezogen auf alle belegten Zimmer. Der Doppelbelegungsfaktor wird als Durchschnittswert der Vergangenheit gebildet und berechnet sich aus der Anzahl der Gäste (bzw. Anzahl der belegten Betten) geteilt durch die Anzahl der belegten Zimmer. Im Hotel Pfiffkus kann der Doppelbelegungsfaktor anhand statistischer Daten des Vorjahres berechnet werden.

13.961 Gäste (belegte Betten) / 9.972 belegte Zimmer = Doppelbelegungsfaktor 1,4

Der Doppelbelegungsfaktor von 1,4 ist auf das komplette letzte Jahr als Durchschnitt gerechnet. Je nach Zusammensetzung des Gästekreises kann es Sinn machen, zwischen Wochentagen oder auch Saisonzeiten zu unterscheiden. So übernachten deutsche Geschäftsreisende meist alleine im Zimmer während Freizeitreisen am Wochenende und in den Ferien meist von Paaren unternommen werden, welche sich ein Zimmer teilen. Somit kann der Doppelbelegungsfaktor unter der Woche niedriger liegen als am Wochenende oder in den Ferien. Auf das inständige Bitten Salims hin, es nicht noch komplizierter zu machen, entscheiden sich die drei Freunde im Hotel Pfiffikus durchgängig mit einem Doppelbelegungsfaktor von 1,4 zu kalkulieren. Alternativ zum Doppelbelegungsfaktor kann auch mit einer Bettenbelegung kalkuliert werden. Diese wird analog zur Zimmerbelegung gerechnet, allerdings auf die Anzahl der Betten bezogen. Im Revenue Management ist jedoch meist die Zimmerbelegung entscheidend, da die Preise je Zimmer und nicht je Bett festgelegt werden.

Wenn die Anzahl der belegten Zimmer also zwischen 11 und 48 schwankt, so schwankt die Anzahl der Gäste zwischen 15,4 und 67,2, wenn man den Doppelbelegungsfaktor von 1,4 ansetzt. Mit diesem Wissen und den Büffetkosten, welche der Küchenchef genannt hatte, lassen sich die Kosten des Frühstücksbüffets in Abhängigkeit der Hotelgäste darstellen (vgl. Abb. 1.4).

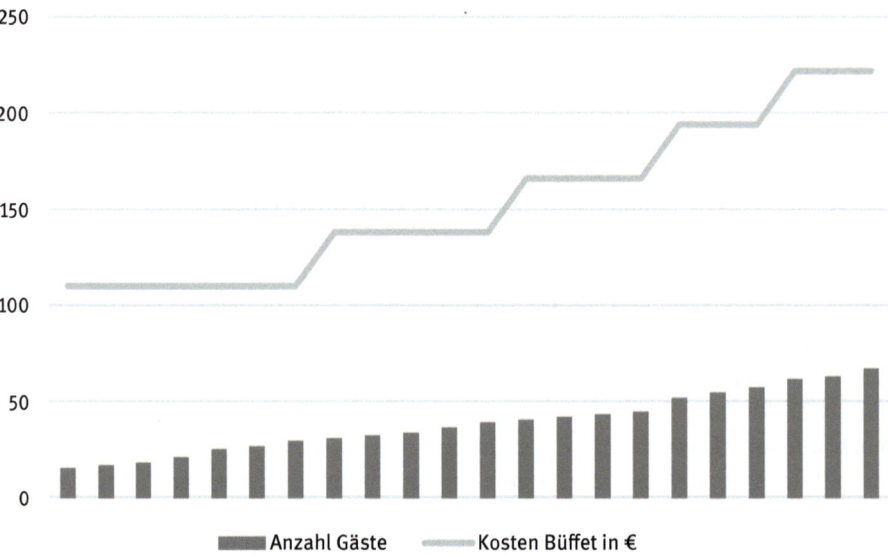

Abb. 1.4: Büffetkosten in Abhängigkeit der Gästezahl.

Das Büffet hat Ausgangskosten von 110,00 € und steigt dann jeweils bei 10 Gästen mehr um 28,00 €. Wenn man nun die Kosten für das Frühstücksbüffet durch die jeweilige Anzahl an Gästen teilt, so erhält man die Frühstückskosten pro Gast (vgl. Abb. 1.5).

Im Schaubild wird deutlich, dass die Kosten des Frühstücksbüffets pro Person deutlich sinken, sobald die kritische Masse von 20 Gästen erreicht ist. Sobald diese Größe erreicht ist, betragen die Frühstückskosten pro Person im Durchschnitt 3,81 €. Bezieht man auch jene Tage mit ein, an denen die Belegung unter 20 Gäste fällt, so steigt der Durchschnittspreis auf 4,28 €. Da es impraktikabel ist, jeden Tag einen neuen Frühstückspreis zu kalkulieren, gilt es einen Wert zu finden, bei dem sich Tage mit geringeren Kosten und Tage mit höheren Kosten die Waage halten, so dass am Ende einer Periode (in diesem Fall eines Monats) die Kosten gedeckt sind.

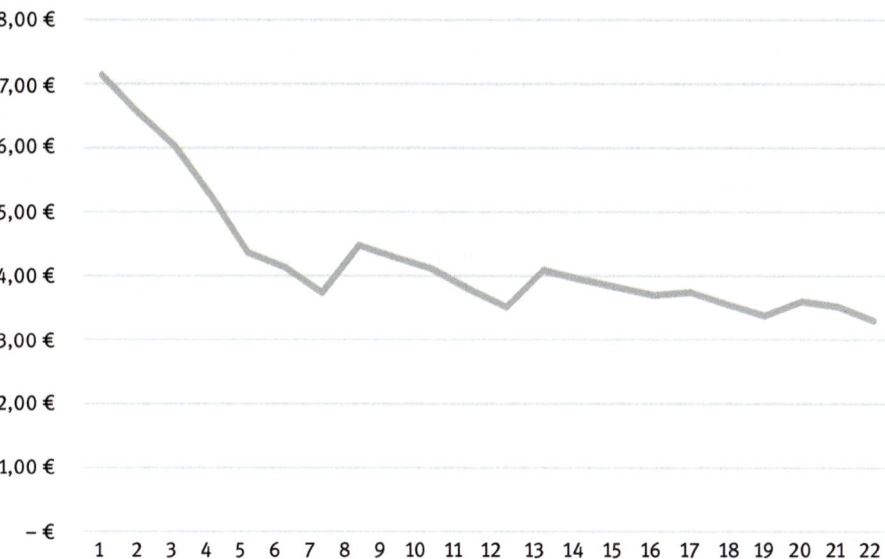

Abb. 1.5: Büffetkosten pro Person.

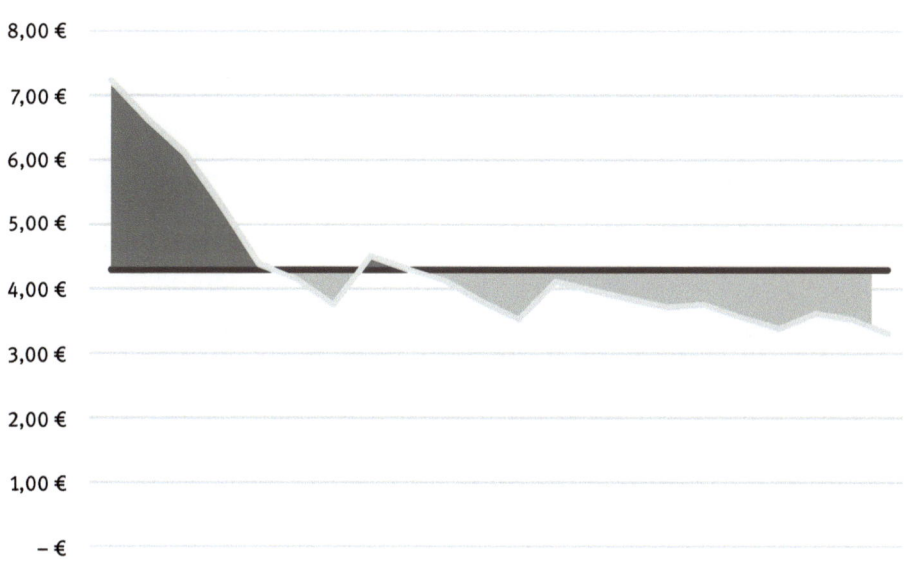

Abb. 1.6: Abweichungen der Büffetkosten pro Person vom Durchschnittswert.

In Abbildung 1.6 wurde nun neben den Frühstückskosten eine Linie mit dem Durchschnitt von 4,28 € eingezogen. Da dieser Durchschnittswert immer gleich bleibt, verläuft die Linie waagrecht. An jenen Tagen, an denen die tatsächlichen Büffetkosten pro Person höher sind als der Durchschnitt ist die Fläche zwischen beiden Linien oberhalb des Durchschnitts. Diese Fläche zeigt an, wie groß der Verlust ist, der an diesen Tagen gemacht wird, er entspricht der Differenz zwischen tatsächlichen Kosten und den Einnahmen, welche dem Durchschnittswert entsprechen. An Tagen an denen die tatsächlichen Kosten unterhalb des Durchschnitts liegen entsteht diese Fläche unterhalb der Durchschnittslinie und zeigt analog den Gewinn an, der an diesen Tagen generiert wird. Im Beispielmonat des Hotels Pfiffikus entspricht die Periode für die der Durchschnitt berechnet wurde genau der betrachteten Periode. Daher entspricht der Durchschnitt genau jenem Wert, bei dem die Flächen ober- und unterhalb der Kurve sich entsprechen. Um diesen Effekt auch langfristig zu erzielen, muss der Durchschnitt über einen möglichst repräsentativen und sich periodisch wiederholenden Zeitraum gewählt werden. Meist macht es Sinn, hierfür den Durchschnitt über ein ganzes Jahr zu bilden. Wochentage, Feiertage und Ferien sind somit immer gleichmäßig vertreten. Aus dem Durchschnitt lässt sich dann der Preis für ein Frühstück kalkulieren. Bei 4,28 € netto Wareneinsatzkosten sollte das Frühstück brutto 16,98 € kosten – davon ausgehend, dass die 4,28 € einen Wareneinsatz von 30 % darstellen und die Mehrwertsteuer bei 19 % liegt.

2 Segmentierung

2.1 Differenzierungsmöglichkeiten von Kundengruppen

„Ich weiß einfach nicht, was los ist." stöhnt Miriam: „Das ist jetzt die dritte Woche in Folge in der wir mittwochs weniger Buchungen bekommen. Dabei war Mittwoch immer unser stärkster Tag!". Nachdem der Mittwoch vor drei Wochen unerwartet schlecht ausgefallen war, hatten die drei Freunde mit Spannung den Benchmark Report erwartet. Die schlechte Belegung spiegelte sich auch im Markt wider, der hohe ARI des Hotels Pfiffikus ließ die Freunde jedoch vermuten, dass ihre Raten zu hoch waren. Also hatten sie die Raten für die nächsten beiden Wochen gesenkt, um zu prüfen, ob der Pick Up dadurch kurzfristig ansteigt. Doch die Belegung blieb weiterhin schwach. „Ich finde", wirft Salim ein: „wir sollten die Raten wieder erhöhen. Wenn wir eine schlechte Belegung haben, egal ob mit niedrigen oder hohen Raten, dann nehmen wir doch lieber die hohen Raten." Katrin zögert: „Aber, wenn wir durch zu hohe Raten die Gäste zur Konkurrenz treiben? Dann können wir Raten festlegen wie wir wollen, wenn kein Gast mehr bereit ist, sie zu bezahlen ... Mir wäre das zu unsicher, ich würde die Raten lieber noch weiter senken, um zumindest noch ein paar Buchungen zu erhalten." Salim will sich noch nicht geschlagen geben: „Miriam, was meinst Du? Du bist doch sicher auch dafür, so viel Umsatz wie möglich zu machen und daher die Raten zu erhöhen, oder?" Miriam war noch in die Belegungsstatistik vertieft und schaut gedankenverloren auf: „Wir müssten wissen, welche Gäste uns bisher mittwochs gebucht haben und jetzt nicht mehr kommen. Dann hätten wir einen Anhaltspunkt, warum das so ist und wüssten auch, ob wir die Raten sinnvollerweise erhöhen oder senken sollen. So ist das doch ein reines Rätselraten, das kann ja nicht sein!" Katrin nickt begeistert: „An ein paar Gäste erinnere ich mich. Herr Maier zum Beispiel war schon seit zwei Wochen nicht mehr da. Und Frau Grün glaub ich auch nicht. Oder war sie letzten Mittwoch doch da? Hm ..." „So meinte ich das nicht." sagt Miriam: „Natürlich können wir die Anreiselisten der letzten Wochen und Monate durchgehen und Gästenamen abgleichen. Aber solch einen Aufwand können wir ja nicht ständig betreiben, wenn Buchungen zurückgehen. Im Grunde genommen ist es mir egal, ob ein Herr Müller, Meier oder Schmidt bei uns übernachtet, Hauptsache ist doch, dass überhaupt jemand kommt." Katrin schmollt ein wenig: „Ganz so egal ist es auch nicht. Wenn Herr Meier jede Woche am Mittwoch übernachtet und dann plötzlich nicht mehr, muss uns doch interessieren warum, oder?" „Ja, bei Stammgästen natürlich schon, aber nicht jeder Gast ist ja ein Stammgast. Bei den Gästen, die nur ab und zu bei uns übernachten, müssen wir die Sache irgendwie vereinfachen, also die Gäste in Kategorien oder Gruppen einteilen. So merken wir, wenn eine Gästegruppe weniger bucht, müssen aber nicht das Buchungsverhalten jedes einzelnen Gastes analysieren." Die Freunde einigen sich darauf, dass Katrin eine Liste erstellt mit den regelmäßig wiederkehrenden Gästen. Miriam will dann das Buchungsverhalten dieser Gäste analysieren. Wenn es Stammgäste gibt, welche plötzlich nicht mehr

https://doi.org/10.1515/9783110582260-003

oder weniger Übernachtungen buchen, so soll Salim diese Gäste kontaktieren um den Grund herauszufinden. Dieser Plan beruhigt die drei etwas, sie haben nun das Gefühl, etwas zu tun. Gleichzeitig ist ihnen jedoch klar, dass die Stammgäste nur eine kleine Gruppe der fehlenden Buchungen ausmachen und sie eine längerfristige Lösung benötigen. Sie fangen daher an, sich über die Gästekategorien Gedanken zu machen, die Miriam vorgeschlagen hatte.

Um Veränderungen im Buchungsverhalten zu verstehen, macht es durchaus Sinn, Gäste bzw. Buchungen in bestimmte Gruppen einzuteilen. Auf Basis dieser Gruppeneinteilung kann dann das Buchungsverhalten analysiert werden. So wird schnell deutlich, welche Gruppe weniger oder mehr bucht und es lassen sich Ansatzpunkte zur Gegensteuerung finden. Die Möglichkeiten, auf welcher Basis Gästegruppen unterschieden werden können, sind unzählig:

Tab. 2.1: Ausgewählte Kriterien zur Gästesegmentierung.

Kriterium	Beispiele
Alter	Senioren, Jugendliche, Kleinkinder
Familienstand	Singles, Familien, Paare
Nationalität/Herkunftsland	Inländische Gäste, benachbartes Ausland, weiteres Ausland
Anlass der Reise	Freizeit, Geschäftlich, Wellness
Mitreisende	Familie, Freunde, Partner, Kollegen
Reise mit einer Gruppe	Busgruppen, Gruppen mit Tagung, Messegruppen
Buchungszeitpunkt	Frühbucher, Kurzentschlossene
Aufenthaltsdauer	Nur eine Nacht, bis zu drei Nächten, eine Woche und mehr
Aufenthaltszeitpunkt	Wochenendgäste, Messegäste, Feiertagsbesucher
Gebuchte Rate	Flexibel, nicht mehr stornierbar, günstige Rate, teure Rate
Gebuchte Zimmerkategorie	Günstigste Kategorie, Suite, Familienzimmer
Gebuchte Zusatzleistungen	Frühstück, Abendessen, Wellness, Tagungsraum
Anzahl der Aufenthalte	Erstmaliger Besuch, Stammgäste, Wiederkehrer
Buchungsweg	Direktbuchung, Reisebürobuchung, über Tour Operator

Tabelle 2.1 könnte noch beliebig fortgesetzt werden, sowohl was die Anzahl der Kriterien betrifft als auch die Differenzierung innerhalb der Kriterien. Von Persönlichkeitsmerkmalen der Gäste über allgemeines und spezielles Reiseverhalten bis zum Buchungsverhalten für einen bestimmten Aufenthalt lassen sich beliebig viele Kriterien finden, nach denen Gäste in Gruppen eingeteilt werden können. Die Herausforderung hierbei ist, dass die Kriterien sich nicht gegenseitig ausschließen. Jeder Gast bzw. jede Buchung könnte also nach jedem Kriterium einer bestimmten Gruppe zugeordnet werden. Wenn also nach sämtlichen Kriterien analysiert werden soll, würde dies einen erheblichen Aufwand der Einteilung der Gäste bedeuten und die Analyse wäre nicht besonders eindeutig. Wenn die Buchungen von Gästen mit Frühstück zurückgehen und die Buchungen von Senioren und Junggesellenab-

schieden steigen, was bedeutet das dann? Hängen die Entwicklungen zusammen? Frühstücken Senioren und Junggesellenabschiede weniger? Bedingen sich die Entwicklungen – heiraten also immer mehr ältere Menschen und feiern Junggesellenabschiede – oder sind sie unabhängig voneinander, da sowohl ältere Menschen mobiler sind und mehr reisen als auch Junggesellenabschiede immer häufiger mit Übernachtung gefeiert werden? Und wo genau wäre jetzt der Ansatzhebel, um dem Verlust bei den Frühstücksbuchungen entgegen zu wirken? Diese Überlegungen machen deutlich, dass es sinnvoll ist, eine Hierarchie unter den Kriterien zu haben, so dass die Unterscheidung nach den unterschiedlichen Kriterien nicht gleichzeitig, sondern in verschiedenen Stufen erfolgt. Wenn zunächst nach dem Alter der Gäste unterschieden wird und dann innerhalb der Altersgruppen nach den Mitreisenden, so ließe sich einfach bestimmen, ob Senioren eher allein, zu zweit oder mit einem Junggesellenabschied unterwegs sind. Hier stellt sich nun die Frage, welche Kriterien die höchste Hierarchiestufe haben, nach welchen also zunächst unterschieden werden soll.

2.2 Sinnvolle Segmentierung

Bei der Diskussion im Hotel Pfiffikus, nach welchen Kriterien die Gästegruppen unterschieden werden sollen, versucht Miriam die beiden anderen von ihrem Standpunkt zu überzeugen: „Wenn es uns egal ist, ob Herr Maier, Müller oder Schmidt übernachtet, dann macht es auch keinen Sinn nach Persönlichkeitsmerkmalen zu unterscheiden. Die interessieren uns ja nicht." „Wirklich nicht?" hakt Katrin nach: „Ich finde es schon wichtig zu wissen, wie alt zum Beispiel unsere Gäste sind. Nur so können wir uns doch optimal auf sie einstellen." „Das stimmt", pflichtet ihr Salim bei: „wir müssen ja wissen, ob die Zimmer seniorengerecht oder babysicher sein müssen. Und die Nationalität kann zum Beispiel ein Hinweis auf Essgewohnheiten sein. Dann wissen wir, welche Speisen wir anbieten sollten." „Das ist ja alles schön und gut und sicherlich auch sinnvoll", beschwichtigt Miriam: „aber darüber hat sich Herr Schnudel den Kopf zerbrochen, bevor er das Hotel hier eröffnet hat – er musste ja wissen, für wen er ein Hotel eröffnet und ob sich das lohnt. Uns interessiert jetzt ja woher die Buchungen kommen, damit wir bei einer Änderung des Buchungsverhaltens schnell reagieren können. Ich würde also nicht nach Persönlichkeitsmerkmalen sondern eher nach Buchungsverhalten kategorisieren." Katrin ist noch nicht überzeugt: „Aber wenn die Buchungen ausbleiben, weil wir unsere Gäste nicht gut genug kennen und daher ihre Bedürfnisse nicht erfüllen können, was dann? Dann würden wir uns doch wünschen, wir hätten genauer hingeguckt, wer hier bei uns übernachtet!" Miriam seufzt leicht auf „Du hast ja Recht. Aber das sind operative Themen. Welche Speisen bieten wir an, wie sind unsere Zimmer ausgestattet, wo und wie machen wir Werbung. Die grundlegende Entscheidung für wen, bzw. für welche Zielgruppen dieses Hotel gebaut wurde, ist bereits vor der Eröffnung gefallen. Jetzt können wir uns das immer mal wieder fragen und dann auch entsprechend im Rahmen unserer Möglichkeiten gegen-

steuern. Aber um die Buchungen und das Buchungsverhalten zu verstehen, sind ande-re Merkmale wie der Grund der Reise wichtiger." „Jetzt streitet Euch doch nicht, Mä-dels", Salim macht eine beschwichtigende Geste und grinst breit: „ich bin ja auch noch da. Ich habe ein gutes Gespür für Menschen. Wenn ich unsere Gäste begrüße, spüre ich quasi schon, was sie wollen. Wenn wir das falsche Angebot für unsere Gäste haben, kriege ich das mit, versprochen." Katrin gefällt die gönnerhafte Art von Salim nicht, allerdings muss sie zugeben, dass die Argumente von Miriam überzeugend klin-gen. Also willigt sie ein, dass die Gäste zunächst nicht nach ihren Persönlichkeits-merkmalen segmentiert werden. Da einige dieser Daten jedoch auch gespeichert wer-den, können sie in einem späteren Schritt immer nochmal analysiert werden.

Eine erste grundlegende Unterscheidung wollen die Freunde beim Grund der Reise machen. Hier beschließen sie, zwischen geschäftlich motivierten Reisen (corpora-te) und Freizeitreisen (leisure) zu unterscheiden. Jedoch merken sie schnell, dass diese Unterscheidung nicht immer leicht durchzuführen ist. Wie soll denn die Übernachtung eines Gastes einsortiert werden, der morgens einen Geschäftstermin hat und nachmittags Studienfreunde trifft? Auch ist ihnen nicht klar, was mit län-geren Aufenthalten ist, wenn zum Beispiel ein Geschäftsreisender unter der Woche alleine übernachtet und Meetings hat und dann am Wochenende seine Familie anreist und sie ein Familienwochenende verbringen. So einfach und logisch wie die Segmentierung in den Diskussionen klang, scheint sie in der Praxis doch nicht umsetzbar zu sein. Das Segment, in welches eine Buchung fällt, sollte direkt bei der Reservierung hinterlegt werden. Sollte sich beim Check In herausstellen, dass die Einschätzung nicht richtig war, kann es im Nachhinein noch korrigiert werden. Am einfachsten ist es natürlich, die Gäste nach dem Grund ihres Aufenthaltes zu fragen. Das funktioniert bei einigen Reservierungen auch ganz gut, allerdings nur solange sie telefonisch erfolgen und die Gäste entsprechend Zeit haben, neben den ganzen organisatorischen Fragen auch noch diese zu beantworten. Einige Gäste reagieren genervt und möchten diese Information nicht preisgeben. Ähnlich schwierig gestaltet sich die Segmentierung bei Buchungen, die per E-Mail erfolgen, hier kann zwar eine Frage gestellt werden, die wenigsten Gäste machen sich jedoch die Mühe, extra auf eine E-Mail mit einer Frage zu antworten, die in ihren Augen mit der eigentlichen Übernachtung nichts zu tun hat. Fast unmöglich wird die Seg-mentierung schließlich bei online getätigten Reservierungen oder auch Reservie-rungen über ein Reisebüro. Außer dem Namen des Gastes erhält das Hotel hier nicht sehr viel mehr Daten. Ggf. noch die E-Mailadresse, doch bei Buchungen über Reisebüros oder Onlineportale wird diese oft vorenthalten bzw. kodiert, so dass die Kommunikation über den Mittler erfolgen muss. Also müssen die Junghoteliers andere Merkmale der Buchungen finden, welche auf den Grund der Reise hindeu-ten. Hier bietet sich zum Beispiel der Aufenthaltszeitpunkt an. So könnten Aufent-halte unter der Woche, außerhalb von Ferien und Feiertagen, als geschäftliche Bu-chungen definiert werden, Aufenthalte am Wochenende, während Ferien und

Feiertagen hingegen als Freizeitbuchungen. Wichtig hierbei ist, die Tage genau zu definieren. So wird die Übernachtung von Sonntag auf Montag eher von Geschäftsreisenden gebucht, während von Freitag auf Samstag eher Wochenendurlauber übernachten. Natürlich ist diese Aufteilung nicht ganz lupenrein. So kann es durchaus sein, dass auch Gäste, welche geschäftlich unterwegs sind, am Wochenende übernachten und auch Freizeitreisende eine Nacht unter der Woche buchen. Eine andere Möglichkeit der Unterscheidung bietet die Belegung der Zimmer. So könnte ein einzeln belegtes Zimmer auf eine Geschäftsreise hindeuten, ein doppelt belegtes Zimmer auf eine Freizeitreise. Auch diese Unterscheidung ist zunächst einleuchtend, umfasst sicherlich aber auch nicht alle Einzelfälle korrekt. Gerade bei asiatischen Geschäftsreisenden ist es nicht unüblich, sich ein Zimmer mit getrennt stehenden Betten zu teilen, während auch Freizeitreisende ggf. alleine unterwegs sind oder in getrennten Zimmern schlafen. Auch die Dauer des Aufenthaltes bietet keinen genauen Anhaltspunkt. Grundsätzlich kann davon ausgegangen werden, dass Urlaubsreisende mehrere Nächte übernachten, Geschäftsreisende jedoch meist nur eine Nacht. Doch diese Regel wird durch vermehrte Mobilität im Geschäftsleben und dem Trend zu Kurzreisen immer häufiger außer Kraft gesetzt. So ist es nicht unüblich, dass ein Berater mehrere Wochen am Stück jeweils von Montag bis Donnerstag übernachtet, während er ein Projekt betreut. Gleichzeitig beinhaltet ein Wochenend-Kurzurlaub oftmals nur eine Übernachtung.

Unabhängig davon, für welche Unterscheidungskriterien sich ein Hotelier entscheidet, es wird immer eine gewisse Ungenauigkeit vorliegen, solange die Gäste nicht direkt und explizit selbst gefragt werden und diese Frage auch beantworten. Und selbst in diesen Fällen kann es passieren, dass ein Aufenthalt nicht eindeutig zuzuordnen ist. Hier muss im Einzelfall entschieden werden, welches Segment besser passt. Bei längeren Aufenthalten kann es ggf. Sinn machen, das Segment innerhalb einer Buchung zu ändern, so dass die ersten Nächte in das geschäftliche Segment fallen, die Folgenächte dann in den leisure-Bereich oder umgekehrt. Wichtig bei der Segmentierung ist, diese nicht kurzfristig oder ständig zu wechseln. Nur durch eine über einen längeren Zeitraum einheitliche Segmentierung können verschiedene Analysen auf Segmentebene durchgeführt und Trends erkannt werden. Bei sich ständig ändernden Segmentierungen geht die Vergleichbarkeit und damit ein wichtiges Analyseinstrument im Revenue Management verloren.

Im Hotel Pfiffikus haben sich die drei Freunde darauf verständigt, nach dem Zeitpunkt des Aufenthaltes zu differenzieren. Wenn es keinen Anhaltspunkt für den Grund des Aufenthaltes gibt, so werden Buchungen mit Übernachtung zwischen Sonntag und Donnerstag als corporate Buchungen klassifiziert, Buchungen mit Übernachtungen Freitag und Samstag als leisure Buchungen. Eine Ausnahme bilden Feiertage und reine Ferienzeiten, in diesen Zeiträumen werden alle Buchungen als leisure eingestuft. Weitere Anhaltspunkte, dass es sich um eine Firmenbuchung handelt, sind beispielsweise die Angabe einer Firmenadresse als Rechnungsanschrift, die Buchung eines Meetingraumes, das Bezahlen mit Firmenkreditkarte oder auch wenn die Buchung von einer anderen Person, sei es eine Reisestelle oder eine Sekretärin, getätigt wird. Wenn diese Anhaltspunkte vorliegen, wird die Buchung ebenfalls in das corporate-Segment eingestuft.

Mit der Unterscheidung in Corporate und Leisure lässt sich die Belegung des Hotels Pfiffikus nun entsprechend nach Segmenten geteilt darstellen (vgl. Abb. 2.1).

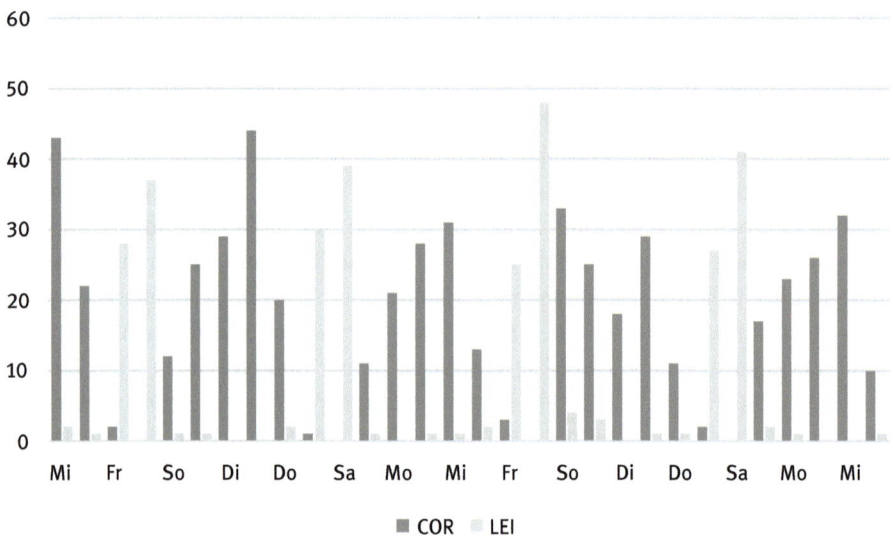

Abb. 2.1: Belegung nach Wochentag und Segment.

Miriam betrachtet die Schaubilder und ist unzufrieden: „Jetzt haben wir uns so sehr den Kopf zerbrochen, wie wir unsere Kundengruppen unterscheiden können und nach welchen Anhaltspunkten, aber in der Analyse bringt uns das herzlich wenig. Wir hätten genauso gut nach Wochentag unterscheiden können. Die vereinzelten leisure Buchungen unter der Woche und coprorate Buchungen am Wochenende fallen ja nicht ins Gewicht." „Also müssen wir doch nach den einzelnen Gästen gucken?" fragt Katrin. „Nein, davon bin ich immer noch nicht überzeugt", erwidert Miriam: „aber eine weitere Untergliederung macht wahrscheinlich schon Sinn." „Ich weiß!" wirft Salim ein: „Wir können bei den Geschäftsreisenden nach Firmen unterscheiden, zu denen sie gehören. Wenn wir dann weniger Buchungen bekommen, wissen wir direkt, an welcher Firma es liegt." Dieser Plan klingt überzeugend, jedoch stellen die Freunde bald fest, dass sie nicht von allen Gästen feststellen können, zu welcher Firma sie gehören. Außerdem gibt es zwar einige große Firmen, welche viele Übernachtungen generieren, allerdings auch unzählige Firmen, welche nur vereinzelt auftauchen. Nach all diesen Firmen differenziert zu analysieren scheint wenig sinnvoll. Sie einigen sich darauf, die Firmen in Gruppen einzuteilen. Jene vier große Firmen, welche einen Großteil der corporate-Übernachtungen generieren und die übrigen Firmen. Das große Segment corporate (COR) unterteilen die Freunde also in corporate company (CCO)

*für die großen Firmen und corporate individual (CIN) für die Gäste welche individuell
buchen und von unterschiedlichen Firmen kommen.*

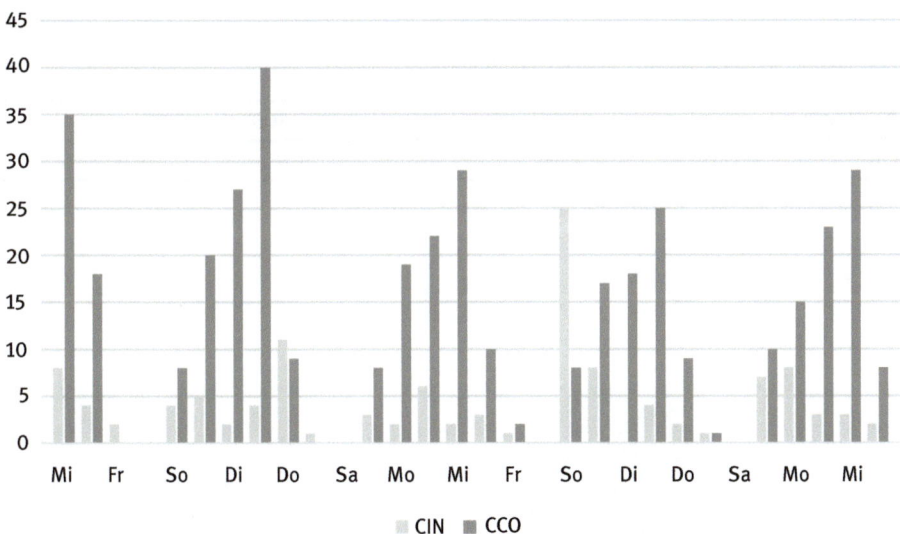

Abb. 2.2: Belegung nach CCO und CIN.

*„Die vier Firmen in CCO machen ja wirklich fast alle Übernachtungen aus!" stellt
Salim überrascht fest. Miriam studiert das Schaubild und grübelt: „Ja, das stimmt
schon ... aber schau mal der Sonntag hier, da ist die Anzahl der CIN Übernachtungen
plötzlich in die Höhe geschnellt ... was das wohl war?". Hier kann Katrin helfen: „Das
war die Delegation aus den USA mit 20 Zimmern. Die sind am Sonntag angereist,
haben sich dann am Montag verschiedene Firmen angesehen und sind dann auch
wieder weitergefahren. Aber eindeutig ein geschäftlicher Grund der Reise und sie ge-
hörten nicht zu einer unserer Stammfirmen, daher CIN." „Ja, an der Segmentierung
zweifle ich ja gar nicht", räumt Miriam ein: „Aber trotzdem verfälscht es das Ergebnis
ja irgendwie. Vielleicht sollten wir Gruppenbuchungen in ein eigenes Segment einteilen. 20 Zimmer auf einmal ist ja schon einiges." „Das klingt plausibel", meint auch
Salim: „aber dann sollten wir auch bei den Freizeitgästen ein Segment für Gruppenreisen machen. Erinnert ihr euch an die Achterbahngesellschaft? Die Leute, die durch
die ganze Welt fahren, um die coolsten Achterbahnen auszuprobieren? Das war auch
eine Gruppenbuchung, aber ja wohl nicht als geschäftlich anzusehen." Dieses Argument überzeugt Miriam und Katrin und so beschließen die Freunde zwei weitere Segmente einzuführen: Corporate Groups (CGR) und Leisure Groups (LGR). Katrin denkt
pragmatisch und stellt noch eine Frage in den Raum: ab wann soll eine Buchung
denn als Gruppenbuchung gelten? Schließlich werden ab und an zwei bis drei Zimmer
zusammen gebucht, ist das schon eine Gruppe? Die Freunde diskutieren hin und her
und beschließen dann, die Grenze zunächst bei fünf Zimmern zu setzen. Wenn fünf*

Zimmer gleichzeitig für das gleiche Datum gebucht werden, so handelt es sich um eine Gruppe. Bei weniger Zimmern gehen sie von Individualreisenden aus. Vorerst hat das Hotel Pfiffikus damit fünf Segmente (vgl. Tab. 2.2).

Tab. 2.2: Vorläufige Segmente des Hotels Pfiffikus.

Corporate			Leisure	
CIN	CCO	CGR	LIN	LGR

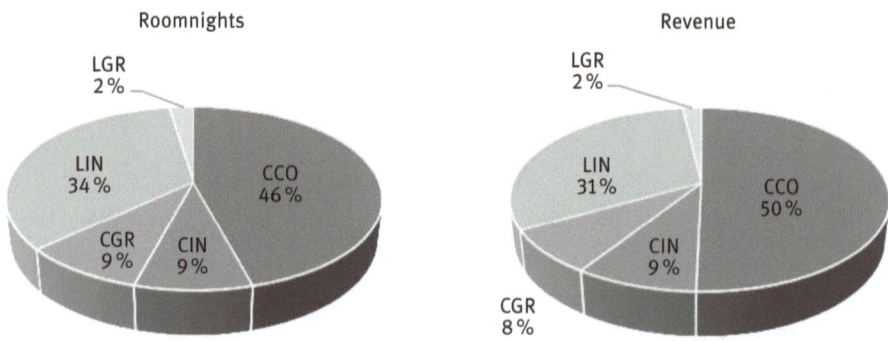

Abb. 2.3: Roomnights und Revenue nach Segment.

Mit dieser Unterteilung können die Freunde nun sowohl die Belegung als auch die Raten des Hotels je Segment analysieren. So wird deutlich, welche Tage und welche Raten von welchem Segment am meisten genutzt werden, und wo angesetzt werden kann, um beides zu steigern.

In einem ersten Schritt betrachten die Freunde die Übernachtungen (Roomnights) je Segment und den Umsatz, den jedes Segment bringt (vgl. Abb. 2.3). So sehen sie zum Beispiel, dass die Corporate Company Buchungen 46 % der Übernachtungen ausmachen und 50 % des Umsatzes, sie scheinen also deutlich höhere Raten zu haben als die übrigen Segmente. Die Leisure Individual Buchungen hingegen tragen mit 34 % der Übernachtungen nur 31 % zum Umsatz bei, hier scheinen die Raten also deutlich unterdurchschnittlich zu sein.

Dieser Trend der unterschiedlichen Raten wird noch deutlicher, wenn man sich die Durchschnittsraten der einzelnen Segmente in einem Monat ansieht (vgl. Abb. 2.4). Miriam ist mit dieser Darstellung jedoch nicht zufrieden, schließlich verfälschen Durchschnittsraten immer die Genauigkeit. Sie möchte gern die Raten je Segment an jedem einzelnen Tag sehen, und erstellt daher ein Liniendiagramm. Dabei wird sie stutzig und zeigt das Diagramm ihren Freunden. Damit es übersichtlich bleibt, hat sie die Gruppensegmente ausgeblendet (vgl. Abb. 2.5).

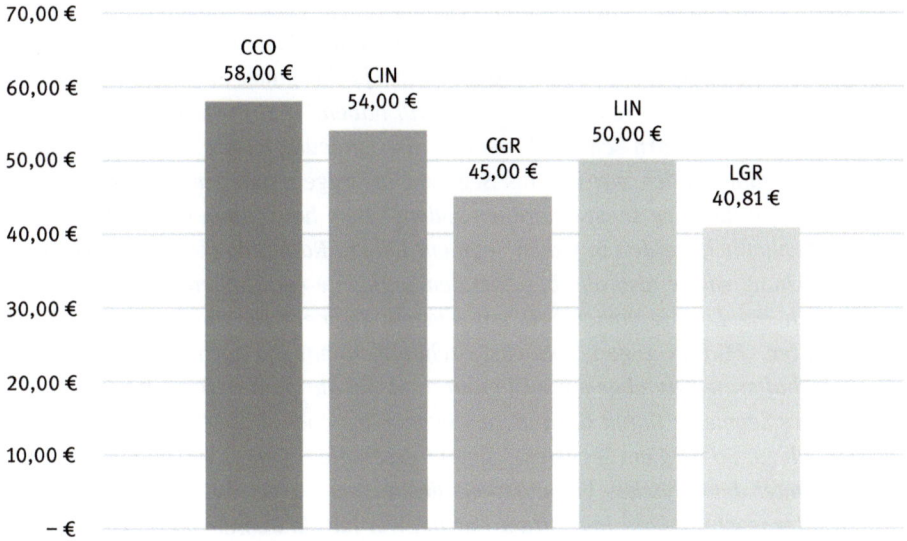

Abb. 2.4: Durchschnittsraten nach Segment.

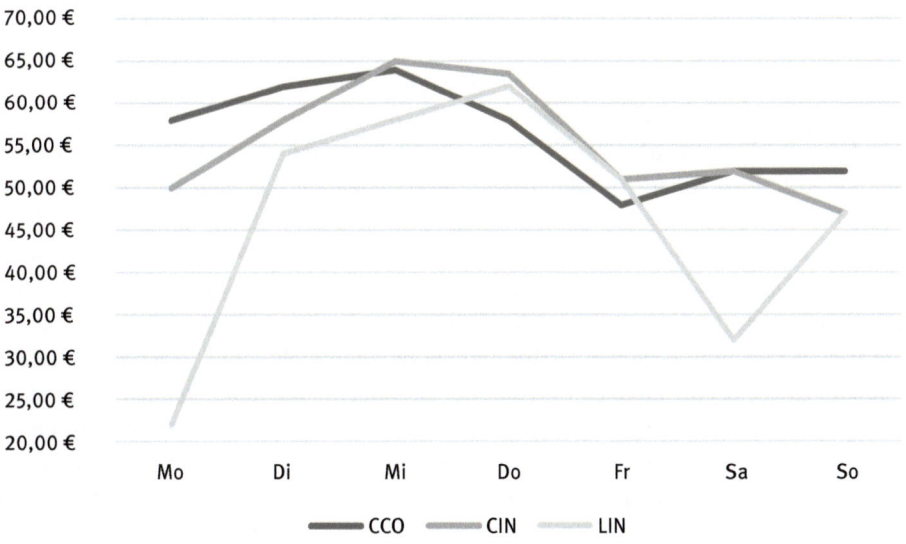

Abb. 2.5: Tagesraten je Segment.

„Was ist denn mit der LIN Rate passiert?" fragt Miriam: „Am Montag lag sie nur bei 22,00 € und auch am Samstag ist sie plötzlich auf 32,00 € abgesunken. Solche Raten verkaufen wir doch nicht?!" Auch Salim und Katrin können sich diesen plötzlichen Ratenabsturz nicht erklären, also machen sich die Freunde die Mühe und sehen sich jede einzelne Buchung an. Für Montag ist der Grund schnell gefunden: die Schwester

von Herrn Schnudel hat zum absoluten Freundschaftspreis übernachtet. „Das geht so nicht", beschwert sich Miriam: „es ist ja in Ordnung, dass wir ab und zu Freundschaftsraten gewähren, aber so verfälscht es uns ja das ganze Segment! Das sieht ja aus, als würden wir unsere Raten nicht im Griff haben!" Katrin verteidigt sich: „Aber sie hat ganz privat Herrn Schnudel besucht, also eindeutig leisure. Und da sie alleine gereist ist, kommt doch nur LIN als Segment in Frage – oder in welches Segment hätten wir die Buchung sonst einordnen sollen?" Dem hat Miriam wenig entgegen zu setzen. Schließlich werden in jedem Segment höhere Raten als die 22,00 € verkauft, diese Buchung würde also alle bestehenden Segmente verfälschen. Es ist Salim, der schließlich die Lösung vorschlägt: ein eigenes Segment für Sonder- und Freundschaftsraten. Miriam zögert zunächst, schließlich hat sie nicht vor, massenhaft Freundschaftsraten durchgehen zu lassen, und für die paar vereinzelte Buchungen ein eigenes Segment? Damit die anderen Segmente jedoch sauber bleiben, stimmt sie schließlich zu. So wird ein sechstes Segment geschaffen: Others (OTH) für Sonderraten, die unter dem üblichen Verkaufspreis liegen.

„Und was ist mit Samstag?" fragt Katrin „Wer hat da übernachtet?" Hier können die Freunde beim besten Willen keine Freundschaftsrate entdecken. Schließlich finden sie den Grund: an diesem Tag wurden einige Zimmer über einen Wholesaler gebucht. Dieser hat durch den Vertrag mit dem Hotel sehr günstige Raten, welche er mit einem Aufschlag an den Kunden verkauft. An das Hotel wird jedoch nur die günstige Rate gezahlt. „Das leuchtet mir nicht ein", beschwert sich Salim: „alle Reisemittler bekommen doch Provisionen von uns, da müssten doch alle Raten niedrig sein und nicht nur die von einem Wholesaler gebuchten." Miriam erklärt es ihm: „Bei den anderen Buchungen zahlt der Gast an uns die Rate inklusive der Provision, erstmal ist die Rate also höher. Am Monatsende bekommen wir von dem Reisemittler dann eine Provisionsrechnung für alle Buchungen, die er uns vermittelt hat. Das sind dann Kosten, die wir haben. Die Rate direkt wird davon nicht beeinflusst. Bei den Wholesalern zahlt der Gast an den Wholesaler und dieser dann den reduzierten Preis an uns. Daher ist die Rate niedriger. Dafür müssen wir hier am Ende des Monats keine Provisionsrechnung bezahlen." „Aber macht es dann nicht Sinn", fragt Katrin in die Runde: „diese Segmente auch voneinander zu trennen? Die Raten können wir ja nicht wirklich miteinander vergleichen, wenn die einen inklusive und die anderen exklusive Kommission sind." Das leuchtet den Freunden ein und sie beschließen, das leisure individual Segment aufzuteilen in Leisure Individual (LIN) mit regulären Raten und Leisure Deduct (LDE) für Raten bei denen die Kommission bereits abgezogen wurde. So hat das Hotel Pfiffikus nun sieben Segmente (vgl. Tab. 2.3).

Tab. 2.3: Segmente des Hotels Pfiffikus.

Individual					Group	
Corporate		Leisure		Others	Corporate	Leisure
CIN	CCO	LIN	LDE	OTH	CGR	LGR

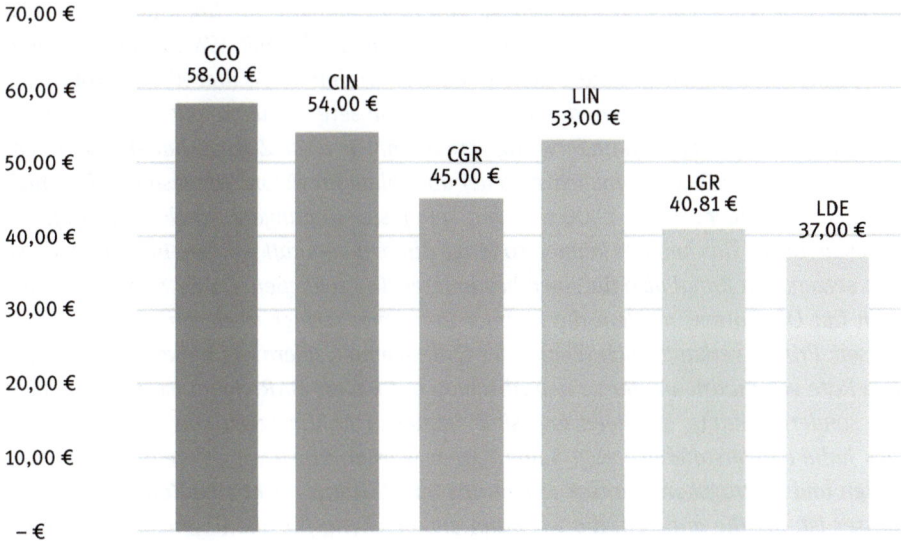

Abb. 2.6: Durchschnittsrate nach Segment.

Durch die neue Aufteilung werden auch die Durchschnittsraten neu berechnet (vgl. Abb. 2.6). Das Segment OTH lassen die Freunde hierbei außen vor, schließlich sammeln sie hier nur vereinzelte Sonderraten. Die Aussagekraft dieser Durchschnittsrate wäre somit eher gering.

2.3 Wholesaler-Raten und Konditionen

Bei der nächsten Besprechung der drei Junghoteliers im Hotel Pfiffikus legt Katrin ein Dokument auf den Tisch: „Wir haben hier einen Vertragsentwurf bekommen, Wholesaler A möchte seinen Vertrag mit uns für das nächste Jahr verlängern. Wollen wir das? Zu den gleichen Raten und Konditionen wie im Vorjahr?" „Warte mal kurz", bremst Salim sie ab: „ich blicke bei den Wholesalern nicht so ganz durch. Wir haben doch welche mit Kontingent und welche ohne Kontingent, oder? Und die Raten sind irgendwie auch unterschiedlich ..." „Das ist eigentlich ganz einfach", schaltet sich Miriam ein: „Wholesaler A und Wholesaler B haben alte Verträge, Wholesaler C hat einen neuen Vertrag, den wir selbst abgeschlossen haben." Sie ruft eine kleine Tabelle auf, in der sie die verschiedenen Verträge zusammengefasst hat (vgl. Tab. 2.4).

Tab. 2.4: Zusammenfassung Wholesaler Verträge.

Name	Rate	Konditionen	Anzahl Zimmer	Cut Off	Vertrag bis
Wholesaler A	39,00 €	Kontingent	5 MW / 10 WE	3 Wochen	31.03.
Wholesaler B	42,00 €	Freesale	Bis Close out	n/a	31.03.
Wholesaler C	30 % of BAR	Freesale	Bis Close out	n/a	31.03.

„Wholesaler A hat ein festes Kontingent von fünf Zimmern pro Tag unter der Woche und zehn Zimmern am Tag am Wochenende. Ich habe das mit MW für midweek und WE für weekend abgekürzt. Diese Zimmer müssen wir immer bis drei Wochen vor Anreise für den Wholesaler halten, dann fallen sie in unsere Verfügbarkeit zurück und wir können sie kurzfristig noch anderweitig verkaufen. Für diese Zimmer hat er eine durchgehende Rate von 39,00 €, inklusive Steuer aber ohne Provision. Wholesaler B hat auch eine fixe Rate, hier sind es 42,00 €. Er hat kein festes Kontingent, sondern verkauft auf Freesale Basis. Das heißt es können so lange Zimmer verkauft werden, bis wir ein Close Out setzen, den Kanal also für einen bestimmten Tag schließen. Daher braucht es auch kein Cut Off Datum, an dem die Zimmer in unsere Verfügbarkeit zurückfallen. Nach diesem Prinzip verkauft auch Wholesaler C die Zimmer, allerdings haben wir hier keine fixe Rate vereinbart, sondern einen Abschlag auf unsere BAR. Somit ist die Rate nicht fix, sondern floating, sie steigt und sinkt immer in Abhängigkeit von der BAR." „Ok, das habe ich verstanden", sagt Salim: *„aber warum haben wir so viele verschiedene Raten und Vertragskonditionen? Macht das Sinn? Gibt es nicht eine Konstellation, die besser ist, als die anderen, die wir dann entsprechend für alle übernehmen können? Ab dem 01. 04. werden ja für alle Wholesaler neue Verträge fällig, das heißt wir könnten dann alle umstellen. Wholesaler A ist wahrscheinlich nur der erste, die anderen werden ja dann bald auch nach Vertragsverlängerungen fragen."* „Wir haben so viele unterschiedliche Raten", erklärt Katrin, *„weil Wholesaler A einen recht alten Vertrag hat, der immer weiter verlängert wurde. Wholesaler B kam erst letztes Jahr dazu, da wollte Herr Schnudel nicht noch ein Kontingent und hat daher einen Freesale Vertrag geschlossen und auch die Rate etwas angepasst. Mit Wholesaler C haben wir erst vor kurzem, unterjährig, einen Vertrag geschlossen. Um die Rate an starken Tagen nicht zu niedrig zu lassen, haben wir sie an die BAR geknüpft."* „Um Deine Frage zu beantworten", schaltet sich nun Miriam nochmals ein: *„nein, es macht keinen Sinn so viele unterschiedliche Raten und Konditionen zu haben. Zumindest für mich nicht. Das macht nur die Steuerung komplizierter, wann wir welche Buchungen akzeptieren wollen. Aber welche Vertragsart die beste ist, weiß ich nicht. Vielleicht sollten wir uns mal die Buchungszahlen angucken?"*

Tab. 2.5: Roomnights, Rate und Revenue nach Wholesaler.

	Roomnights	Rate (netto)	Revenue
Wholesaler A	96	36,45 €	3.499 €
Wholesaler B	52	39,52 €	2.041 €
Wholesaler C	16	43,40 €	694 €

Gesagt, getan. Die drei Freunde betrachten die Buchungszahlen des letzten Monats (vgl. Tab. 2.5). Wholesaler A hat die meisten Übernachtungen gebucht und damit mit Abstand den meisten Umsatz generiert, allerdings war hier die Durchschnittsrate am niedrigsten. Wholesaler C hat nur recht wenige Zimmer verkauft, allerdings für eine relativ hohe Durchschnittsrate. Es stellt sich ihnen nun die Frage, welches Vertragsmodell am vorteilhaftesten für das Hotel Pfiffikus ist. Salim ist ganz klar für das Vertragsmodell A, schließlich haben sie hiermit den meisten Umsatz generiert. Die beiden Damen sind skeptisch. Das würde ja bedeuten, dass sie auch den anderen beiden Wholesalern ein Kontingent gewähren müssten. Was wiederum bedeuten würde, dass langfristig relativ viele Zimmer nicht verkauft werden können, da sie als Kontingent gehalten werden. Ob sie jedoch gebucht werden oder nicht, würden die Freunde erst drei Wochen vorher wissen. Viele Verkaufschancen könnten bis dahin schon vergangen sein. Außerdem ist die Durchschnittsrate von Wholesaler A eher niedrig, Miriam findet die Rate von Wholesaler C deutlich attraktiver und tendiert zu diesem Vertragsmodell. Zu dieser Rate könnten sie gut noch mehr Zimmer vertragen. Nach einiger Diskussion beschließen die Freunde, sich vor der einfachen Verlängerung des Vertrages die Buchungssituation genauer anzusehen. Schließlich sind sie am Wochenende auf LDE Buchungen angewiesen, während sie unter der Woche Gefahr laufen könnten, durch zu viele LDE Buchungen zu niedrigen Preisen hochpreisige Buchungen aus anderen Segmenten zu verdrängen. In einem nächsten Schritt betrachten sie also die Buchungen je Wholesaler und Wochentag und prüfen auch, wie viele Wholesaler Buchungen sie an einem Durchschnittstag maximal akzeptieren können, ohne andere Segmente zu verdrängen (vgl. Abb. 2.7).

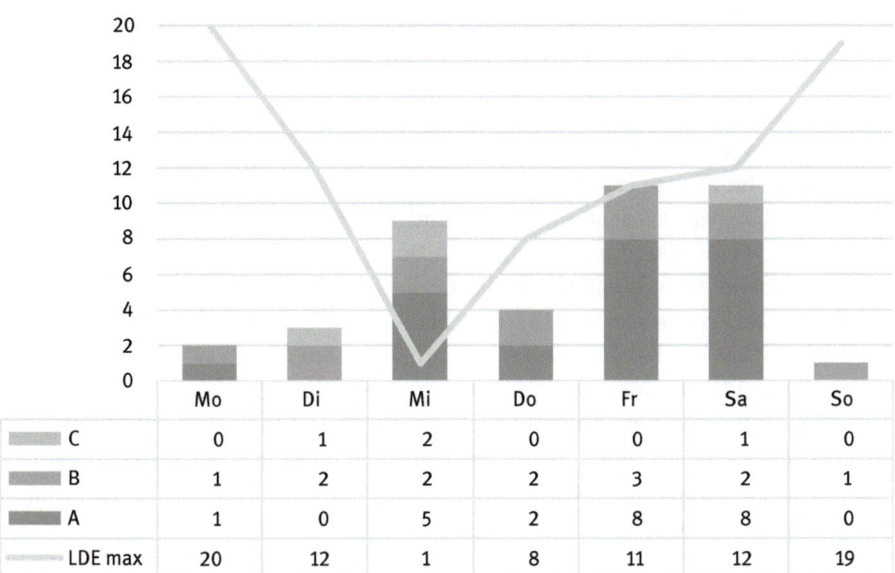

	Mo	Di	Mi	Do	Fr	Sa	So
C	0	1	2	0	0	1	0
B	1	2	2	2	3	2	1
A	1	0	5	2	8	8	0
LDE max	20	12	1	8	11	12	19

Abb. 2.7: Wholesaler-Zimmer nach Wochentag und maximale Kapazitäten für LDE.

„Gerade am Mittwoch nutzt Wholesaler A sein ganzes Kontingent! An dem Tag könnten wir eigentlich nur eine LDE Buchung akzeptieren, bevor andere Segmente verdrängt werden!" klagt Katrin. „Das ist wahrscheinlich genau der Grund für die Buchungen." meint Miriam: „Da mittwochs die Nachfrage hoch ist, steigern wir manchmal unsere BAR. Dadurch wird die Diskrepanz zwischen der fixen Wholesaler Rate und der BAR größer und die Buchung über den Wholesaler für Kunden somit attraktiver." „Nach dieser Logik müsste aber doch auch Wholesaler B an einem Mittwoch mehr buchen", wirft Salim ein: „schließlich hat der doch auch eine festgelegte Rate". Miriam runzelt die Stirn: „Aber sobald die Nachfrage steigt, lassen wir ja keine Buchungen von Wholesaler B und C mehr zu. Nur Wholesaler A kann ich, aufgrund des Kontingents nicht schließen. Hier kann ich lediglich Anfragen für Kontingentserhöhungen ablehnen. Und die bekommen wir zuhauf für Mittwoch." „Ok, verstanden." Salim nickt: „Aber kannst Du auch erklären, warum am Freitag und Samstag Wholesaler A so viel mehr bucht als die anderen? Hier ist die BAR doch nicht so hoch, der Ratenvorteil kann es hier also ja eigentlich nicht sein ..." Nachdem Miriam nachdenklich die Zahlen betrachtet, kommt Katrin eine Idee: „Vielleicht aufgrund des Kontingents! Wholesaler A weiß, dass er bis zu zehn Zimmern auf jeden Fall buchen kann. Wenn nun eine kleine Gruppe mit vier oder fünf Zimmern anfragt, so kann er diese immer direkt buchen, ohne auf unsere Bestätigung warten zu müssen. Bei Freesale, wie ihn Wholesaler B und C haben, müssen sie sich immer rückversichern. Mehr als fünf Zimmer dürfen sie eh nicht gleichzeitig buchen, und auch so müssen sie ja immer fürchten, dass wir den Buchungskanal schließen und sie plötzlich nicht mehr buchen können."

Diese Erklärung scheint allen plausibel. Es ändert jedoch nichts an der Situation, dass sie am Montag, Dienstag, Donnerstag und Sonntag deutlich mehr Buchungen vertragen könnten, als sie aktuell bekommen. Am Mittwoch hingegen bekommen sie zu viele Buchungen, während am Freitag und Samstag die Anzahl der gebuchten Zimmer fast exakt der maximal möglichen Anzahl entspricht. Am Mittwoch beschließen sie einstimmig, kein Kontingent mehr anzunehmen – der Verdrängungseffekt für andere Segmente ist hier zu hoch. Da sie bei den Verträgen nur die Möglichkeit haben, zwischen Midweek und Weekend zu unterscheiden, wird für die Nächte von Montag bis einschließlich Donnerstag nur noch Freesale gewährt, so dass sie jederzeit schließen können. Beziehungsweise, wie Miriam anmerkt, sie würde alle Mittwoche von vornherein schließen und nur bei schlechter Buchungslage öffnen. Am Wochenende soll ein Kontingent beibehalten werden. Wenn allerdings alle drei Wholesaler ein Kontingent von zehn Zimmern erhalten, wie es Wholesaler A momentan hält, so würden im Extremfall 30 LDE Zimmer gebucht, was freitags und samstags einen deutlichen Verdrängungseffekt bei anderen Segmenten hätte. Da jedoch auch Wholesaler A mit dem Kontingent von zehn Zimmer aktuell maximal drei bis vier Zimmer gleichzeitig bucht, beschließen sie, jedem der Wholesaler ein Kontingent von fünf Zimmern in den Nächten von Freitag, Samstag und Sonntag zu gewähren, die Cut Off Frist allerdings auf vier Wochen zu verlängern. Sollten nun alle drei Wholesaler jeweils ihr komplettes Kontingent ausschöpfen, so würden durch 15 LDE Zimmer an einem Freitag vier, an einem Samstag drei Zimmer aus anderen Segmenten verdrängt werden. Durch die vier Wochen Frist hätten die Freunde dann noch die Chance, innerhalb der Leadtime der individuellen Buchungen deren Rate entsprechend zu erhöhen, um den Ratenverlust zu kompensieren. Für den Samstag des Bachelorballs setzten sie allerdings direkt ein Close Out Datum – an diesem Tag sind alle Kontingente auf null. Bezüglich der Rate haben die drei Freunde am Wochenende wenig Wahlmöglichkeit: Kontingente werden von den Wholesalern nur mit einer fixen Rate akzeptiert, da sie sonst ähnlich wie beim Freesale bei jedem Verkauf erst die Rate prüfen müssten, da diese sich jederzeit ändern könnte. So beschließen die Freunde, die Rate hier auf 44,00 € für alle Wholesaler festzusetzen. Diese Ratensteigerung von 5,00 € bedarf zwar harte Verhandlungen bei Wholesaler A, der sie jedoch schließlich akzeptiert. Für die Nächte von Montag bis Donnerstag hatten sich die Freunde auf Freesale geeinigt, sind sich jedoch noch nicht im Klaren, ob sie auch hier eine fixe Rate anbieten möchten oder lieber eine floating Rate. Miriam ist strikt dafür, die Rate an die BAR zu koppeln. Sollten sie an einem Mittwoch doch mal mehr Zimmer benötigen, so könnten sie die Rate ein wenig steigern. Und schließlich seien die Wochentage ja unterschiedlich zu bewerten. Ein Mittwoch sei nun mal teurer als ein Montag oder Donnerstag. Wenn sie an allen Tagen nun eine hohe Rate einsetzen, um den Mittwoch nicht zu gefährden, werden die anderen Wochentage vermutlich nicht mehr gebucht, da sie zu teuer sind. Katrin hält dagegen, dass deutlich mehr Zimmer gebucht werden, wenn eine fixe Rate vereinbart wird. Der Mittwoch solle ja eh nur im Ausnahmefall geöffnet werden. Nach langen Diskussionen einigen sie sich schließlich auf eine floating Rate, um entsprechend flexibel zu bleiben. Wenn sie merken, dass die Buchungen nachlassen, würden sie ja eh die BAR senken, so die Überlegung der Freunde. In diesem Fall würde die Rate dann für alle Segmente sinken und sie hätten einen Buchungsanreiz durch alle Segmente. Mit diesen Entscheidungen passen sie die Vertragsunterlagen für Wholesaler A entsprechend an und Miriam überarbeitet ihre Übersicht (vgl. Tab. 2.6).

Tab. 2.6: Wholesaler Verträge Übersicht neu.

Name	Wochentag	Rate	Konditionen	Anzahl Zimmer	Cut Off	Vertrag bis
Wholesaler A, B, C	Fr, Sa, So Mo–Do	44,00 € 30 % off BAR	Kontingent Freesale	5 # Close Out	4 Wochen n/a	31.03. 31.03.

2.4 Firmenvertragsraten

Nur kurz nachdem die Freunde sich auf die zukünftigen Raten und Konditionen für Wholesaler geeinigt haben, spricht Miriam in einer Besprechung im Hotel Pfiffikus ein ähnliches Thema an. Zwei von den vier Firmen, welche die meisten Übernachtun-

gen im Hotel Pfiffikus generieren, haben angefragt, ob sie aufgrund des Volumens nicht spezielle Firmenraten haben könnten. Dafür haben sie Miriam einen RFP (Request for Proposal) geschickt, welchen die Freunde ausfüllen sollen, wenn sie Firmenraten anbieten möchten. Die Freunde diskutieren, ob es Sinn macht, spezielle Firmenraten anzubieten. Miriam ist eher skeptisch: „Seit Jahren buchen die Firmen ganz regulär die BAR, warum sollten sie jetzt plötzlich einen Sonderpreis bekommen? Das würde doch nur bedeuten, dass sie zukünftig niedrigere Rate zahlen und wir somit weniger Umsatz machen. Ich sehe dafür keine Notwendigkeit." Salim ist da ganz anderer Meinung: „Wir sind doch Hoteliers, da müssen wir auch im Sinne des Gastes denken. Und mit einer Firmenrate binden wir die Firmen noch stärker an uns, vielleicht bekommen wir dann noch mehr Buchungen von ihnen. Diese zusätzlichen Buchungen würden den Preisnachlass doch sicher wettmachen." Katrin zögert zunächst, stimmt dann aber doch Salim zu: „Ich glaube, die Frage nach den Firmenraten kommt jetzt auf, weil wir angefangen haben unsere Raten dynamisch zu steuern. Früher war sie statisch, heute schwankt sie fast täglich. Und mir haben schon ein paar Firmengäste erzählt, dass sie eine Reisekostenrichtlinie haben, also maximal einen bestimmten Betrag für Zimmer ausgeben dürfen. Beziehungsweise, wenn sie ein teureres Hotel buchen, können sie die hohe Rate teilweise nicht absetzen und müssen selbst die Differenz bezahlen. Das möchten sie natürlich nicht." Auch Salim hat sich schon mit den Firmengästen über die Buchungsrichtlinien unterhalten: „Ein Gast hat mir erzählt, dass sie ein Firmenportal haben, über das sie online Zimmer buchen. Nur jene Hotels, mit denen sie Vertragsraten vereinbart haben, tauchen dort auf. So können sie gar keine anderen Hotels buchen, weil die Buchung über das Portal Voraussetzung ist. Uns konnten sie auch so buchen, weil sie hier in der Region kein Hotel mit Vertragsraten haben." „Das würde ja bedeuten", wird Miriam jetzt hellhörig: „dass, wenn wir Vertragsraten anbieten, das Hotel Pfiffikus als einziges Hotel dieser Region in den Portalen gelistet sein würde. Das wäre ja ein deutlicher Wettbewerbsvorteil gegenüber den Hotels in der Stadt. Vielleicht sollten wir doch Firmenraten anbieten ..." Die drei Freunde beschließen, ein Angebot für Firmenraten abzugeben. Um den etwaigen Anfragen der übrigen zwei Firmen im CCO Segment vorzubeugen, wollen sie Firmenraten für alle vier Firmen kalkulieren. Sie sind sich nicht im Klaren, ob es Sinn macht, wie bei den Wholesalern nur eine Rate anzubieten oder ob sie individuell je Firma festgelegt werden soll. Salim plädiert für eine feste Firmenrate für alle Firmen, um den Reservierungsprozess mit zu vielen unterschiedlichen Raten nicht noch komplizierter zu machen. Auch Katrin findet, dass das Argument der Wholesaler zählt, dass sie mit einheitlichen Raten und Konditionen auch einheitlich gesteuert werden können. Miriam ist sich da nicht so sicher. Die CCO Raten sind deutlich höher als die LDE Raten, hier muss nicht um jeden Euro gefeilscht werden. Zudem werden diese Raten fast nie geschlossen, da sie ja die höchste Durchschnittsrate haben. Selbst wenn diese aufgrund von Firmenraten sinkt, wäre sie ja immer noch höher als die LDE Rate. Zudem, so Miriams Hauptargument, buchen die Firmen ja auch unterschiedlich viele Übernachtungen. Es wäre also nur fair, wenn die Rate in Zusammenhang mit dem Volumen steht. Dieses Argument leuchtet auch Salim und Katrin ein, und so analysieren die Freunde zunächst, wie viele Übernachtungen jede der Firmen im letzten Monat gebucht hat (vgl. Abb. 2.8).

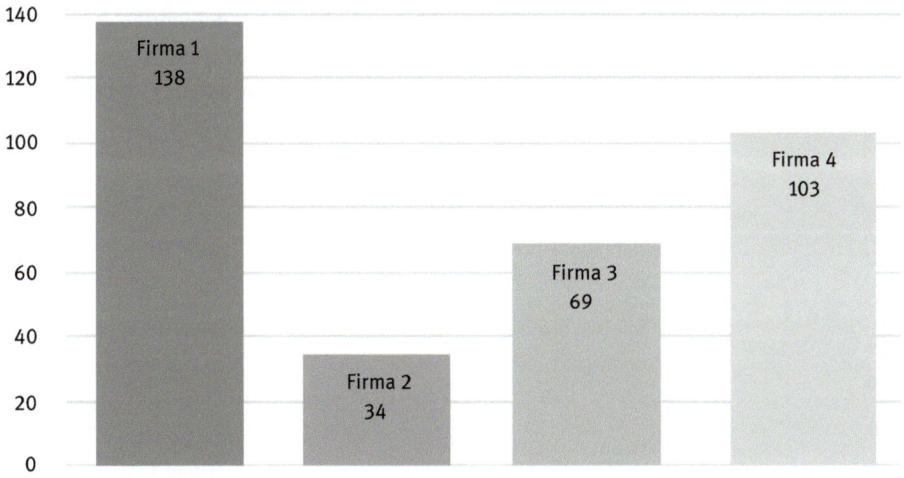

Abb. 2.8: CCO Roomnights nach Firma.

Bei Betrachtung des Übernachtungsvolumens der einzelnen Firmen wird deutlich, dass Firma 1 mit 138 Zimmern den Großteil der Buchungen im CCO Segment tätigt. Es folgen Firma 4 und Firma 3, während Firma 2 mit nur 34 Übernachtungen pro Monat deutlich weniger Übernachtungen generiert. Aufgrund dieser deutlichen Unterschiede im gebuchten Übernachtungsvolumen sind nun auch Salim und Katrin dafür, die Vertragsraten entsprechend anzupassen. Nun stellt sich ihnen die Frage, wie sie vorgehen sollen, um die zukünftigen Vertragsraten festzulegen. Salim schlägt vor, dass Firma 2 die aktuelle CCO Durchschnittsrate erhält und die übrigen Firmen jeweils etwas Abschlag davon. Damit ist Miriam nicht ganz einverstanden, dann hätte Firma 1 eine Rate die deutlich unter der aktuellen CCO Durchschnittsrate liegt. Aufgrund des hohen Volumens, welches Firma 1 generiert, würde die CCO Rate daher massiv sinken und sie deutlich Umsatz einbüßen. Sie ist dafür, die aktuelle CCO Durchschnittsrate so auf die Firmen aufzuteilen, dass am Ende die Durchschnittsrate gleichbleibt, jede Firma aber eine Rate gemäß ihrem Übernachtungsvolumen bekommt. Das macht für Katrin keinen Sinn. Denn wenn der Umsatz aus Anzahl der Übernachtungen mal der CCO Durchschnittsrate errechnet wird und dann wieder gemäß den Übernachtungen auf die Firmen verteilt werden würde, so hätten alle wieder die gleiche Durchschnittsrate. Sie schlägt vor, dass die BAR Rate zu Grunde gelegt wird und dann jede Firma gemäß ihrem erwarteten

Übernachtungsvolumen einen entsprechenden Abschlag auf die BAR bekommt. Also ein ähnlicher Vorschlag wie Salim ihn gebracht hat, nur dass die Basis die BAR anstatt der CCO Durchschnittsrate ist und somit die CCO Durchschnittsrate nicht deutlich sinken muss. Miriam ärgert sich über ihren Denkfehler und stimmt den beiden anderen zu. Allerdings mahnt sie an, das Volumen je Firma auf das ganze Jahr zu sehen, nicht nur auf einen Monat, schließlich schwanken die Belegungszahlen je Monat. Das leuchtet den anderen beiden ein, und so machen sie sich die Mühe, die Übernachtungszahlen je Firma und Monat der vergangenen zwölf Monate herauszusuchen (vgl. Abb. 2.9).

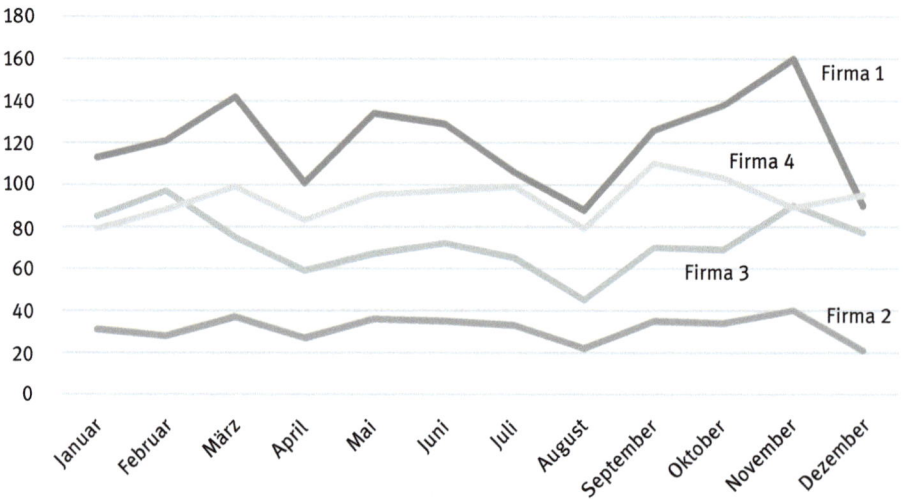

Abb. 2.9: Firmenbuchungen je Monat.

Bei der Betrachtung der Buchungen je Firma und Kalendermonat wird deutlich, dass Firma 2 recht kontinuierlich bucht, ohne große Schwankungen, lediglich die Ferienmonate August und Dezember sind durch nachlassende Buchungen erkennbar. Firma 3 hat zum Jahreswechsel hin einen deutlichen Peak. Die Buchungen lassen dann bis April deutlich nach und bleiben dann – bis auf den Ferienmonat August – relativ konstant bevor sie wieder steigen. Dies ist mit dem Ende des Geschäftsjahres von Firma 3 Ende Februar zu erklären. Kurz vor Ende des Geschäftsjahres sind zum einen viele Abstimmungen und Analysen für den Jahresabschluss fällig, zudem wird noch übriges Budget für Veranstaltungen und Tagungen ausgegeben, um sich dieses für das nächste Jahr wieder zu sichern. Firma 4 hat ihren Peak im September – dort findet eine wichtige Messe statt, auf welcher Produktneuheiten präsentiert werden. Die Vorbereitung und Durchführung der Messe führt zu einer erhöhten Reisetätigkeit der Mitarbeiter. Der leichte Peak der Firma 4 im Dezember ist mit der Weihnachtsfeier zu erklären, welche die Firma im Hotel Pfiffikus durchgeführt hat. Aus diesem Anlass haben recht viele Mitarbeiter im Hotel übernachtet. Firma 1 hat das größte Volumen aber auch die stärksten Schwankungen von allen Firmen. Deutlich sind die Ferien um Ostern im April, im August und im Dezember erkennbar. Der Peak ist hier der November, da das Geschäftsjahr von Firma 1 mit dem Kalenderjahr endet. Nachdem die Junghoteliers des Hotels Pfiffikus die Übernachtungen ihrer Firmengäste soweit analysiert haben, gehen sie davon aus, dass im nächsten Jahr mit einem ähnlichen Volumen an Übernachtungen je Firma zu rechnen ist. Sie möchten demnach das aktuelle Volumen als Basis für den neuen Vertrag zu Grunde legen. Aufgrund der starken Schwankungen je Monat möchten sie die BAR und die Übernachtungen jedoch Monatsweise ins Verhältnis setzen, da die durchschnittliche BAR monatsweise schwankt und die Realität so am besten abgebildet wird (vgl. Tab. 2.7).

Tab. 2.7: Relative BAR je Firma und RN pro Monat.

		Januar	Februar	März	April	Mai	Juni
Firma 1	RN	113	121	142	101	134	129
	BAR	56,00 €	60,00 €	68,00 €	50,00 €	57,00 €	57,00 €
	RN × BAR	6.328 €	7.260 €	9.656 €	5.050 €	7.638 €	7.353 €
Firma 2	RN	31	28	37	27	36	35
	BAR	56,00 €	60,00 €	68,00 €	50,00 €	57,00 €	57,00 €
	RN × BAR	1.736 €	1.680 €	2.516 €	1.350 €	2.052 €	1.995€
Firma 3	RN	85	97	75	59	67	72
	BAR	56,00 €	60,00 €	68,00 €	50,00 €	57,00 €	57,00 €
	RN × BAR	4.760 €	5.820 €	5.100 €	2.950 €	3.819 €	4.104 €
Firma 4	RN	79	88	99	83	95	97
	BAR	56,00 €	60,00 €	68,00 €	50,00 €	57,00 €	57,00 €
	RN × BAR	4.424 €	5.280 €	6.732 €	4.150 €	5.415 €	5.529 €

		Juli	August	Sept.	Okt.	Nov.	Dez.	Total
Firma 1	RN	106	88	126	138	160	90	1.448
	BAR	55,00 €	50,00 €	60,00 €	65,00 €	70,00 €	53,00 €	**59,40 €**
	RN × BAR	5.830 €	4.400 €	7.560 €	8.970 €	11.200 €	4.770 €	86.015 €
Firma 2	RN	33	22	35	34	40	21	379
	BAR	55,00 €	50,00 €	60,00 €	65,00 €	70,00 €	53,00 €	**59,28 €**
	RN × BAR	1.815 €	1.100 €	2.100 €	2.210 €	2.800 €	1.113 €	22.467 €
Firma 3	RN	65	45	70	69	90	77	871
	BAR	55,00 €	50,00 €	60,00 €	65,00 €	70,00 €	53,00 €	**59,06 €**
	RN × BAR	3.575 €	2.250 €	4.200 €	4.485 €	6.300 €	4.081 €	51.444 €
Firma 4	RN	99	79	110	103	89	95	116
	BAR	55,00 €	50,00 €	60,00 €	65,00 €	70,00 €	53,00 €	**58,68 €**
	RN × BAR	5.445 €	3.950 €	6.600 €	6.695 €	6.230 €	5.035 €	65.485 €

Um für jede Firma die relative BAR zu kalkulieren, stellen die Freunde jeden Monat die Übernachtungen je Firma der durchschnittlichen BAR des Monats gegenüber. Firma 1 hat beispielsweise im Januar 113 Übernachtungen gebucht. Die BAR in diesem Monat lag im Schnitt bei 56,00 €. Wenn alle Übernachtungen von Firma 1 im Januar zur BAR gebucht worden wären, so hätte sich daraus ein Umsatz von 6.328 € ergeben. Diese Berechnung wird nun für jeden Monat durchgeführt, so wird die BAR für jede Firma gemäß den Buchungen je Monat gewichtet. Wenn am Ende die Summe des fiktiven Gesamtumsatzes durch die Summe der getätigten Übernachtungen geteilt wird, so erhält man die relative BAR je Firma. Bei Firma 1 liegt diese bei 59,40 €. Firma 4 hat verstärkt Monate mit einer günstigeren BAR gebucht, hier liegt die relative BAR bei 58,68 €. Es wäre nun möglich, diese relativen BAR Werte als Firmenraten zu nutzen. Firma 1 würde so beispielsweise eine Firmenrate von gerundet 59,50 € erhalten. Gerade in den teuren Monaten wie März, Oktober und November würde diese Firmenrate einen deutlichen Preisvorteil gegenüber der BAR darstellen. Insgesamt hätte die Firma den Vorteil, dass sie nicht mehr den Schwankungen der BAR ausgesetzt wäre, sondern mit einer fixen Rate kalkulieren kann. Allerdings würde das Hotel Pfiffikus bei dieser Rate Gefahr laufen, dass Firma 1 in günstigen Monaten, wie zum Beispiel im April, anstatt der Firmenrate von 59,50 € die BAR zu 50,00 € bucht. Dieses Vorgehen würde die Kalkulation aushebeln und kalkulatorischen Verlust für das Hotel Pfiffikus bedeuten. Die kalkulierte relative BAR sollte also gesenkt werden. Gleichzeitig müsste die BAR Rate der verbleibenden Segmente angepasst werden, so dass in Summe kein Verlust entsteht. Als Beispiel stellen die Freunde für den April, als einen der Monate mit der geringsten BAR, die Übernachtungen der Segmente zusammen, welche die BAR buchen (vgl. Tab. 2.8).

Tab. 2.8: Übernachtungen und Raten CCO nach Firma, CIN und LIN.

April	Firma 1	Firma 2	Firma 3	Firma 4	CIN+LIN	Gesamt
ÜN	101	27	59	83	502	772
Rate	59,50 €	59,30 €	59,00 €	58,70 €	45,09 €	50,00 €
Revenue	6.010 €	1.601 €	3.481 €	4.872 €	22.636 €	38.600
CCO ÜN	270					
CCO Rev	15.964 €					
CCO Rate	59,12					

Die BAR wird bisher von den Segmenten CCO, CIN und LIN gebucht. Die Gruppenraten werden ja nach Anfrage individuell festgelegt, LDE bucht die Wholesaler Vertragsraten und im Segment OTH werden sämtliche Sonderraten gesammelt. CCO, CIN und LIN haben im April im Summe 772 Übernachtungen gebucht, die durchschnittliche BAR lag bei 50,00 €, es wurde also ein Gesamtumsatz von 38.600 €

erzielt. Die CCO Übernachtungen lassen sich auf die einzelnen Firmen aufsplitten. Wenn nun die Übernachtungen jeder Firma mit der kalkulierten relativen BAR je Firma multipliziert wird, entsteht ein fiktiver Umsatz von z. B. 6.010 € für die Firma 1. Dieser Umsatz würde generiert, wenn die relative BAR als Vertragsrate für Firma 1 festgelegt wird und Firma 1 im April des Folgejahres genauso viele Zimmer bucht wie im Vorjahr. Da die relativen Raten jeweils über der durchschnittlichen BAR von 50,00 € liegen, würde der Umsatz des Segmentes CCO auf 15.964 € steigen. Der Umsatz, welchen die Segmente CIN und LIN machen müssten, um den Gesamtumsatz auf Vorjahresniveau zu halten, läge damit bei 22.636 €. Davon ausgehend, dass auch in CIN und LIN genauso viele Zimmer verkauft werden wie im Vorjahr, müssten diese im Schnitt nur noch zu einer BAR von 45,09 € verkauft werden. In diesem Fall würden die vier Firmen vermutlich auch die günstige BAR buchen, die höheren Firmenraten blieben unverkauft und der Gesamtumsatz würde sinken. Wenn die Firmenraten reduziert werden, würde die BAR zwangsläufig steigen, um den Gesamtumsatz zu erreichen. Die Frage ist nun, wie weit die Firmenraten gesenkt werden müssen, damit sie bei gleichzeitigem Steigen der BAR nicht mehr unter der BAR liegen. Um bei dieser Kalkulation nicht mit vier verschiedenen Firmenraten zu rechnen, haben die Freunde den fiktiven CCO Gesamtumsatz im April (15.964 €) durch alle CCO Roomnights (270) geteilt und erhalten so die durchschnittliche, relative BAR in Höhe von 59,12 €. Mit dieser Durchschnittsrate kann nun gerechnet werden, das Ergebnis im Anschluss dann wieder verhältnismäßig auf die Firmen aufgeteilt werden.

Die Beispielkalkulation hat ergeben, dass bei einer durchschnittlichen Firmenrate im April von 59,12 € die BAR auf 45,09 € sinken würde. Wenn die Übernachtungszahlen in allen Segmenten identisch bleiben und das Ziel ist, den kalkulatorischen Verlust zu eliminieren, also den Vorjahresumsatz zu erreichen, so lässt sich die BAR in reiner Abhängigkeit der Firmenrate kalkulieren.

$$BAR = (Vorjahresumsatz - CCO\ RN \times durchschnittliche\ Firmenrate)\ /\ CIN + LIN\ RN$$
$$also$$
$$BAR = (38.600\ € - 270 \times durchschnittliche\ Firmenrate)\ /\ 502$$

Mithilfe dieser Formel kann nun für jede Firmenrate eine zugehörige BAR kalkuliert werden. Wenn die Firmenrate bis auf die durchschnittliche BAR des Vorjahres sinkt, also auf 50,00 €, dann entspricht auch die BAR 50,00 €. Wenn die Firmenrate weiter sinkt, so steigt die BAR. Damit die Firmenkunden ihre Firmenrate anstatt der BAR buchen, sollte diese unterhalb der BAR liegen. Sinkt die Firmenrate beispielsweise auf 48,00 € so müsste die BAR auf 51,08 € steigen um den Vorjahresumsatz zu erreichen.

„Das ist doch Mist!" beschwert sich Katrin. „Wenn wir die Firmenrate als statische Rate kalkulieren, wird es immer Monate geben, in denen sie unterhalb der BAR liegt, die BAR ist halt nicht statisch. Wenn wir die Firmenrate jetzt bei dem Schnitt von

59,12 € festlegen, buchen die Firmenkunden im Sommer die günstigere BAR und wir verlieren Geld. Wenn wir die Firmenrate auf die günstigste BAR also auf 50,00 € festlegen, so müsste die eigentliche BAR im November in astronomische Höhen steigen, um den Gesamtumsatz des Vorjahres zu erreichen. Das nenne ich mal ein Dilemma." „Das ist schon richtig", beschwichtigt Miriam: „vielleicht geht es hier nicht um die optimale Lösung, sondern um eine Lösung die den geringsten Verlust bedeutet. So wie wir die BAR Rate für den April in Abhängigkeit von der durchschnittlichen Firmenrate kalkuliert haben, können wir das ja für alle Monate machen. Dann senken wir die Firmenrate so lange, bis die BAR in mindestens sechs Monaten oberhalb der Firmenrate liegt."

Tab. 2.9: BAR in Abhängigkeit der Firmenrate.

	CIN + LIN			CCO	
	BAR	RN	Rev	RN	Firmenrate
Januar	50,83 €	881	45.126 €	308	52,00 €
Februar	56,46 €	955	52.431 €	334	52,00 €
März	67,72 €	1.009	62.802 €	353	52,00 €
April	42,39 €	772	35.320 €	270	52,00 €
Mai	52,24 €	949	49.511 €	332	52,00 €
Juni	52,24 €	952	49.661 €	333	52,00 €
Juli	49,42 €	866	43.601 €	303	52,00 €
August	42,39 €	669	30.611 €	234	52,00 €
September	56,46 €	975	53.530 €	341	52,00 €
Oktober	63,50 €	984	58.501 €	344	52,00 €
November	70,53 €	1.084	69.411 €	379	52,00 €
Dezember	46,61 €	809	39.242 €	283	52,00 €

Die Freunde kalkulieren also für jeden Monat, wie hoch die BAR für CIN und LIN im Schnitt sein müsste, um bei verschiedenen Firmenraten den Vorjahresumsatz zu erreichen (vgl. Tab. 2.9). Die Firmenrate ist dabei für alle Monate gleich. Sie finden heraus, dass bei einer durchschnittlichen Firmenrate von 52,00 € die BAR in sieben Monaten oberhalb der Firmenrate liegt. Im August müsste die BAR bei einer Firmenrate von 52,00 € nur noch 42,39 € betragen, um den Vorjahresumsatz zu erreichen. Aber, wie Miriam richtig anmerkt, es gibt keinen Grund, die öffentliche Rate zu senken, wenn sie bisher auch zu 50,00 € gebucht wurde. Die BAR könnte also im August weiterhin bei 50,00 € liegen, der Umsatz würde dann entsprechend steigen. So wäre auch der Schaden gering, sollte sich herausstellen, dass eine Durchschnittsrate im November von 70,53 € nicht durchsetzbar ist. Um die kalkulierte Firmenrate von 52,00 € nun korrekt auf die Firmen aufzuteilen, indexieren die Freunde die Werte der relativen BAR gemäß des Firmenratendurchschnitts welchen sie im April berechnet haben. Das bedeutet, sie nehmen die durchschnittliche Firmenrate von 59,12 €, welche sie im April kalkuliert hatten. Dieser Wert entspricht nun 100 Indexpunkten. Nun können sie die relativen

BAR Werte, zum Beispiel 59,50 € für die Firma 1 in Relation zu diesem Index setzen. Firma 1 hat somit einen Indexwert von 100,64. Mit diesem Indexwert können sie nun die Basis von 59,12 € auf 52,00 € ändern und die entsprechenden Firmenraten kalkulieren (vgl. Tab. 2.10).

Tab. 2.10: Indexierung der Firmenraten gemäß relativer BAR.

	Durchschnitt	Firma 1	Firma 2	Firma 3	Firma 4
Relative BAR	59,12 €	59,50 €	59,30 €	59,00 €	58,70 €
Index	100	100,64	100,30	99,80	99,29
Firmenrate	52,00 €	52,33 €	52,16 €	51,89 €	51,63 €

Somit ergibt sich beispielsweise für Firma 1 eine Firmenrate von 52,33 €, für die Firma 4 von 51,60 €. Diese Raten basieren auf der für das gesamte Haus kalkulierten, durchschnittlichen Firmenrate von 52,00 € und sind gemäß der Verteilung der Buchungen je Firma auf die Monate und der schwankenden BAR gewichtet. Noch nicht eingeflossen ist eine Gewichtung gemäß dem Buchungsvolumen der einzelnen Firmen.

Tab. 2.11: Anpassung der Firmenraten gemäß Buchungsvolumen.

	RN / Jahr	Relative RN	Fair Share	Diff zu Fair Share	Firmen-rate	Abzgl. Differenz	Bruttorate gerundet
Firma 1	1.448	38 %	25 %	13 %	52,33 €	45,53 €	49,00 €
Firma 2	379	10 %	25 %	−15 %	52,16 €	59,51 €	64,00 €
Firma 3	871	23 %	25 %	−2 %	51,89 €	52,93 €	57,00 €
Firma 4	1.116	29 %	25 %	4 %	51,63 €	49,56 €	53,00 €
Total	3.814	100 %	100 %				

Um jenen Firmen, welche viele Übernachtungen buchen einen Anreiz zu geben, dies weiterhin zu tun und damit das Übernachtungsvolumen zu sichern, sollen die Firmen mit hohem Buchungsvolumen eine rabattierte Rate erhalten. Dafür werden die gebuchten Übernachtungen im Vorjahr je Firma relativ dargestellt (vgl. Tab. 2.11). So entsprechen die 379 Übernachtungen, welche durch Firma 2 gebucht wurden, 10 % der gesamten CCO Übernachtungen von 3.814. So kann jeder Firma ein individueller Prozentwert zugeordnet werden, wie viel diese Firma zum Gesamtübernachtungsvolumen des Segmentes beigetragen hat. Dieser Prozentwert wird dem Fair Share gegenübergestellt. Der Fair Share ergibt sich aus der gleichmäßigen Aufteilung der Übernachtungen auf alle Firmen. Wenn alle vier Firmen gleichmäßig viele Übernachtungen gebucht hätten, so hätten alle Firmen 25 % des Übernachtungsvolumens realisiert. Nun lässt sich die Differenz zwischen tatsächlichem Anteil und Fair Share berechnen. Firma 1 hat beispielsweise 38 % zum Übernachtungsvolumen beigetragen, der Fair Share liegt bei 25 %, die Firma hat daher 13 Prozentpunkte mehr als der Fair Share gebucht. Diese 13 % werden nun von der zuvor kalkulierten Firmenrate abgezogen. Bei Firmen, welche weniger als den Fair Share gebucht haben, wird die Differenz aufgeschlagen. So hat Firma 2 beispielsweise nur 10 % zum Firmen-Übernachtungsvolumen beigetragen, daher wird auf die kalkulierte Firmenrate ein Aufschlag von 15 % kalkuliert. Diese Vorgehensweise ist nicht unumstritten. Die so berechnete Firmenrate von Firma 2 liegt recht nahe an der BAR. Somit wird kaum ein Anreiz für die Firma gesetzt, aufgrund des günstigen Preises mehr Zimmer zu buchen. Es kann sogar passieren, dass die Firma an einigen Tagen die günstigere BAR bucht. Weitergedacht würde dies bedeuten, dass die Übernachtungen der Firma entweder absolut sinken oder relativ, wenn die Übernachtungen der anderen Firmen aufgrund günstigerer Preise steigen und das von Firma 2 gebuchte Volumen relativ konstant bleibt. Die Differenz zum Fair Share würde größer, die Firmenrate teurer, bis irgendwann eine Firmenrate keinen Sinn mehr machen wird. Nach dieser Argumentation sollte es keinen Aufschlag auf die Firmenrate für produzierte Volumen unterhalb des Fair Shares geben. Andererseits stellen Firmenraten ja Sonderraten dar, welche ein gewisses Übernachtungsvolumen honorieren. Wenn ein unterdurchschnittliches Buchungsvolumen keinen Einfluss auf die Rate hat, so kann es passieren, dass eine Firma immer weniger Übernachtungen bucht aber dennoch von günstigen Sonderraten profitiert. In diesem Fall würde die Differenz zum Fair Share dieser Firma immer weiter sinken – ohne Konsequenz. Gleichzeitig würde jedoch die Differenz zum Fair Share der stark buchenden Firmen immer stärker steigen, wodurch deren Rate immer weiter sinkt. Ein doppelt negativer Effekt für das Hotel, welcher durch die Aufschläge und dadurch das ggf. folgende Ausscheiden einer Firma aus den Firmenraten und dem CCO Segment, verhindert werden kann.

Nachdem die Ab- bzw. Aufschläge kalkuliert wurden, muss nun noch die Mehrwertsteuer aufgeschlagen werden. Anschließend werden die Verkaufsraten gerundet, um glatte Werte anzubieten und keine Centbeträge zu haben welche die Ratenladung und Abrechnung erschweren. Als Katrin diese nun errechneten Raten in den RFP für Firma 1 eintragen möchte, fällt ihr eine weitere Frage auf, die dort gestellt wird: die Firma bittet um LRA-Raten. LRA steht für Last Room Availability, das bedeutet, dass solange Zimmer in der Kategorie verfügbar sind, für welche die Firmenrate vereinbart ist, der Firma auch ihre Firmenrate gewährt wird. In diesem Fall kann die Firmenrate im Rahmen des Yield Managements also nicht geschlossen werden um die Zimmer hochpreisiger zu verkaufen. Im Gegensatz dazu stehen Non-LRA Raten, welche trotz verfügbarer Zimmer geschlossen werden dürfen. Firma 1 möchte nun sicherstellen, dass ihre Firmenrate immer verfügbar ist, solange das Hotel Pfiffikus noch Zimmer anbietet. Da dies aufgrund von sehr starken Peak Tagen, wie zum Beispiel Messen, oft nicht möglich ist, darf das Hotel bei Vertragsabschluss 15–20 Close Out Daten melden, an denen die Firmenrate geschlossen bleibt, trotz LRA Vertrag. Die Freunde sind nun etwas ratlos. Sie haben die Firmen-

Tab. 2.12: Kalkulation LRA-Aufschlag.

	Notw. BAR	Firmenrate	Differenz	Firma 1 RN	Kalk. Verlust
Januar	50,83 €	52,00 €	1,17 €		
Februar	56,46 €	52,00 €	−4,46 €	121	−539,62 €
März	67,72 €	52,00 €	−15,72 €	142	−2.231,74 €
April	42,39 €	52,00 €	9,61 €		
Mai	52,24 €	52,00 €	−0,24 €		
Juni	52,24 €	52,00 €	−0,24 €		
Juli	49,42 €	52,00 €	2,58 €		
August	42,39 €	52,00 €	9,61 €		
September	56,46 €	52,00 €	−4,46 €	126	−561,92 €
Oktober	63,50 €	52,00 €	−11,50 €	138	−1.586,33 €
November	70,53 €	52,00 €	−18,53 €	160	−2.964,91 €
Dezember	46,61 €	52,00 €	5,39 €		
Summe				687	−7.884,52 €

raten in der Annahme kalkuliert, dass sie diese jederzeit schließen können, also als Non-LRA Raten. Wenn nun das einkalkulierte Yield Management der Raten nicht möglich ist, müssen die Firmenraten ja eigentlich steigen. Aber um wie viel?

Um den kalkulatorischen Verlust zu berechnen, welcher durch die verlorengegangene Yielding-Möglichkeit entsteht, gehen die Freunde einen Schritt zurück, als sie die Basis-Firmenrate berechnet haben. Hier hatten sie je Monat auch den Wert der notwendigen BAR kalkuliert, um den Gesamtumsatz zu erreichen. Sie berechnen nun die Differenz zwischen der Basis-Firmenrate und der jeweiligen BAR (vgl. Tab. 2.12). Ist diese Differenz positiv, so ist die Firmenrate höher als die notwendige BAR – wie oben bereits angemerkt kann in diesen Fällen die BAR angehoben werden. In diesen Monaten wird wahrscheinlich zusätzlicher Umsatz generiert, sie stellen also kein Verlustrisiko dar. Auch die Monate Mai und Juni, in denen die Differenz nur 0,24 € beträgt lassen die Freunde außen vor und konzentrieren sich auf die fünf Monate, in denen die Firmenrate deutlich unterhalb der notwendigen BAR liegt. Sie multiplizieren diese Differenz mit den erwarteten Roomnights der Firma 1, um den kalkulatorischen Verlust je Monat zu erhalten. Aufsummiert auf das ganze Jahr liegt dieser bei 7.884,52 €. Verursacht wird dieser Verlust vermutlich durch 687 Roomnights, also die Summe der erwarteten Übernachtungen der Firma 1 im Februar, März, September, Oktober und November. Dieser kalkulatorische Verlust durch entgangene Yielding Möglichkeiten soll nun durch einen entsprechenden LRA-Aufschlag kompensiert werden. Dieser Aufschlag wird pauschal auf die Firmenrate aufgeschlagen, betrifft also alle 1.448 Übernachtungen, welche Firma 1 vermutlich generiert. Verteilt man die 7.884,52 € auf die 1.448 Übernachtungen, so ergibt sich ein Aufschlag je Übernachtung von 5,45 € netto, also 5,83 € brutto. Dieser Betrag wird als Verkaufspreis wieder gerundet, der Aufschlag für eine LRA-Rate für die Firma 1 beträgt also 6,00 €. Die Firmenrate von Firma 1 steigt damit von 49,00 € auf 55,00 €.

3 Yield Management

„Yeah!" Salim reißt seine Faust in einer Siegergeste nach in die Luft: „Während dem Bachelorball in drei Wochen sind wir schon ausgebucht! Ich hab' doch gesagt das hier ist eine Goldgrube! Jetzt müssen wir nur noch die Hände in den Schoß legen und genüsslich abwarten, dass die Gäste kommen und bezahlen. So einfach kann Geld verdienen sein!" Er grinst zufrieden. Miriam ist skeptisch und ruft selbst den Buchungskalender auf. „Du hast recht Salim." sagt sie, nachdem sie die Buchungssituation eingehend betrachtet hat: „Der Samstag an dem der Bachelorball stattfindet sieht echt schon sehr gut aus. Aber der Freitag vorher macht mir etwas Sorgen. Üblicherweise bekommen wir Buchungen für Freitag und Samstag fünf bis sechs Wochen im Voraus, aber für diesen Freitag haben wir gerade mal fünf Reservierungen." „Na ist doch logisch", meldet sich Katrin zu Wort: „die meisten Gäste die am Wochenende kommen, bleiben zwei Nächte. Freitag und Samstag. Nun ist der Samstag aber ausgebucht. Am Freitag ankommen und am Samstag schon wieder fahren lohnt sich für die meisten Wochenendbesucher nicht. Da kommen sie lieber an einem anderen Wochenende." „Oder eben gar nicht." befürchtet Miriam: „Ist es das Zusatzgeschäft vom Bachelorball denn wert, dafür die regulären Wochenendgäste zu verlieren?" „Vielleicht muss es gar kein entweder oder sein." wirft Katrin ein: „Wir könnten doch die Gäste, die zum Bachelorball, kommen davon überzeugen, schon am Freitag anzureisen. Dann haben wir keinen Verlust." Salim ist begeistert: „Super, genauso machen wir es." Er stutzt kurz. „Also wie jetzt genau?" „Wir müssen Anreize setzen, dass die Gäste zwei Nächte statt nur einer bleiben." erklärt Miriam: „Das funktioniert wahrscheinlich am besten über den Preis. Wir senken einfach die Rate an einem Tag und erhöhen sie an einem anderen. Dann kommen am günstigen Tag mehr Gäste, am teuren Tag weniger."

Die drei Freunde diskutieren noch einige Zeit über den optimalen Zimmerpreis während des Bachelorballs. Dabei beschließen sie, sich die Raten auch an allen übrigen Tagen anzusehen und gegebenenfalls zu optimieren. Bisher gab es im Hotel Pfiffikus einen festen Zimmerpreis der sich dann erhöht, wenn zwei Gäste das Zimmer nutzen. Die Freunde möchten nun mithilfe der Preise buchungsschwache Tage, wie den Freitag vor dem Bachelorball stärken. Diese Steuerung der Nachfrage über den Preis nennt man Yield Management.

3.1 Einflussfaktoren

Bevor die Freunde damit beginnen, die optimalen Preise für die verschiedenen Tage zu finden, überlegen sie, wovon Zimmerpreise denn noch abhängen. Sie stellen eine Liste mit Einflussfaktoren zusammen, die sie bei der richtigen Preisfindung berücksichtigen wollen:

https://doi.org/10.1515/9783110582260-004

Kosten	Erfahrungswerte
Buchungslage	Feiertage, Ferien
Preise der Konkurrenz	Messen, besondere Veranstaltungen

Ihnen fällt auf, dass sich die Einflussfaktoren in interne und externe Faktoren gliedern lassen. Sie diskutieren darüber, ob die internen Einflussfaktoren wie Buchungslage, Kosten und Erfahrungswerte wichtiger sind als die externen Faktoren, oder anders herum. Diese Frage ist nicht eindeutig zu beantworten. Sowohl interne als auch externe Einflussfaktoren müssen berücksichtigt werden, um den optimalen Preis für ein bestimmtes Datum zu finden. Üblicherweise bilden die internen Faktoren jedoch den Rahmen, innerhalb welchem die Preise festgelegt werden. Innerhalb dieses Rahmens spielen dann die externen Faktoren die wichtigere Rolle. So dürfen die Preise nicht unter die Kostengrenze fallen (also unter den Break Even Point, die Preisuntergrenze). Sie dürfen auch nicht so hoch werden, dass niemand mehr bereit ist, den aufgerufenen Preis für das angebotene Zimmerprodukt zu zahlen und somit die Buchungen ausbleiben. Innerhalb dieses Korridors sollten die Zimmerraten anhand der genannten externen Faktoren optimiert werden.

Die Untergrenze stellen somit die Kosten dar. Hierfür werden die variablen Kosten je Übernachtung, also die Reinigungskosten, durchschnittlicher Strom-, Wasser- und Heizungsverbrauch als Basis genommen. Hinzugerechnet werden die fixen Kosten oder auch Kosten der Betriebsbereitschaft also Reinigung, Beleuchtung und Heizung der öffentlichen Bereiche (Halle, Flure) ggf. die Rezeption etc. Welche Kosten genau einfließen sollen und wie diese aufgeschlüsselt werden, ist eine Entscheidung der Kostenrechnung, auf welche hier nicht genauer eingegangen werden soll. Wichtig ist, die fixen Kosten einer Periode (meistens des Vorjahres) auf die Anzahl der Übernachtungen derselben Periode umzulegen, so dass man die fixen Kosten je Übernachtung erhält. Durch steigendende Kosten macht es Sinn, diese Preisuntergrenze periodisch neu zu kalkulieren, etwa einmal jährlich. Diese Preisuntergrenze stellt den absolut niedrigsten Wert dar, welchen Zimmerraten erreichen dürfen, bevor das Hotel anfängt Verlust zu machen. Wenn die Raten dieser Grenze entsprechen, werden die Kosten gerade so gedeckt, es wird kein Gewinn gemacht, es kann nicht investiert werden. Für eine gesunde Unternehmensentwicklung müssen die Raten also oberhalb dieser Grenze liegen. Punktuell kann es jedoch gerade im aggressiven Preiskampf Sinn machen, nah an die Preisuntergrenze heran zu gehen. Unterschritten werden sollte die Preisuntergrenze nur dann, wenn ausreichend Buchungen vorliegen um die fixen Kosten zu decken (und ggf. noch Gewinn zu machen). In diesem Fall würde es ausreichen, z. B. das letzte verbleibende Zimmer zu den variablen Kosten zu verkaufen. Die Entscheidung für den niedrigsten Preis hängt jedoch nicht nur von den Kosten ab, auch das Image eines Hotels wird maßgeblich durch den Preis, welcher nach außen kommuniziert wird, geprägt. Als die Freunde die Kosten des Hotels Pfiffikus mit 23,16 € und damit die Preisuntergrenze für ein Zimmer mit 24,78 € (Kosten + 7 % Mehrwertsteuer) kalkuliert haben, erwartet sie ein Donnerwetter von Herrn Schnudel. Immerhin sei das Pfiffikus ein ordentliches Hotel mit einigem Komfort und keine Jugendherberge. Weniger als 50,00 € dürfte eine Übernachtung nicht kosten.

Ein weiterer interner Faktor ist die Buchungslage. Wenn viele Zimmer bereits gebucht sind, also von einer hohen Nachfrage auszugehen ist, sollten die Preise tendenziell steigen. Je höher der Zimmerpreis ist, desto mehr Gäste werden sich eher eine andere Alternative suchen. Wenn davon auszugehen ist, dass die Nachfrage das Angebot übersteigt, kann sich das Hotel diese Verdrängung leisten. Es kann sozusagen aussortieren und nur jene Gäste übernachten lassen, welche bereit sind, einen höheren Preis zu zahlen. Wann das der Fall ist, wie hoch der Preis genau werden darf und wann welche Steigerung sinnvoll ist, gehört zu den wichtigsten Entscheidungen des Yield Managements. Um diese Entscheidungen sinnvoll zu treffen, werden Erfahrungswerte über Leadtime und Pick Up benötigt. Als Leadtime oder auch Buchungsfenster bezeichnet man den Zeitraum, welcher zwischen der Buchung und der tatsächlichen Anreise liegt. Miriam hat die Leadtime in der Diskussion angedeutet, als sie sagte, dass Wochenendgäste tendenziell einige Wochen im Voraus buchen. Die Leadtime hängt stark von der Gästegruppe ab. Urlaubsreisen in ferne Destinationen werden meist langfristiger gebucht, als sich kurzfristig ergebende Geschäftstermine. Zudem kann die Leadtime von besonderen Ereignissen beeinflusst werden. So ist es beispielsweise möglich, dass sobald das Datum für den Bachelorball feststeht, die Studenten Zimmer für ihre Familien reservieren. Die Leadtime ist je Buchung unterschiedlich. Für ein Hotel ist es wichtig zu wissen, wann der Großteil der Buchungen für ein bestimmtes Datum getätigt wird. Es wird immer vereinzelte Buchungen geben, welche früher oder später getätigt werden, das Yield Management richtet sich jedoch nach dem Volumen, also dem Großteil der Buchungen. Die zweite wichtige Kennzahl ist der Pick Up. Diese Zahl bezeichnet die Buchungen, die in einem bestimmten Zeitraum für ein konkretes Übernachtungsdatum hinzugekommen sind. So betrug der Pick Up für die Nacht des Bachelorballs am Tag der Bekanntgabe 24 Zimmer. Das bedeutet, dass am Tag der Bekanntgabe des Datums direkt 24 Zimmer für das Datum gebucht wurden. Je stärker der Pick Up ist, desto größer ist die Nachfrage und desto mehr Verdrängung kann sich das Hotel leisten. Um einen starken Pick Up zu erkennen, muss bekannt sein, wie groß ein regulärer Pick Up ist, um Abweichungen dann besser abschätzen zu können.

Zu den externen Einflussfaktoren auf den Preis zählen zunächst die Preise der Konkurrenz. Gerade im Zeitalter von Metasuchen und Vergleichsportalen sind die Preise der Mitbewerber für potentielle Gäste direkt sichtbar und vergleichbar, so dass diese bei der Preisfindung mitberücksichtigt werden müssen. Welche Hotels im Compset des Hotels Pfiffikus sind, haben die Freunde bereits festgelegt, um MPI, ARI und RGI berechnen zu lassen. Dieses Compset aus relevanten Mitbewerbern nutzen sie auch, um sich tagesaktuell über Preise zu informieren. Aktuell prüft Miriam die Preise der Mitbewerber jeden Tag selbst, indem sie über Buchungsplattformen oder die Homepages der jeweiligen Hotels bestimmte Daten von Interesse heraussucht und Preise vergleicht. Zukünftig wollen die Freunde auch auf einen sogenannten Rate Shop Service zurückgreifen. Das sind automatisierte Programme, welche täglich die Raten des eigenen Hotels sowie jene der Mitbewerber suchen und in einer Tabelle einander gegenüberstellen. Diese Tabelle wird dann automatisiert zugeschickt. Es kann vorab definiert werden, für welchen Zeitraum gesucht werden soll, welche Art von Raten, welche Art von Zimmer etc. So kann direkt festgestellt werden, wenn ein Mitbewerber seine Raten erhöht oder senkt, was Rückschlüsse auf seine Buchungslage zulässt.

Weitere Einflussfaktoren auf den Preis, welche das Hotel nicht selbst steuern kann, sind Ferien, Feiertage, Messen und besondere Veranstaltungen. Der Bachelorball beispielsweise liegt nicht im Einflussbereich des Hotels Pfiffikus. Dennoch entsteht durch den Ball eine starke Nachfrage nach Hotelzimmern, was sich auf die Preise des Hotels auswirkt. Wie sich Ferien und Feiertage auswirken hängt meist von der Art des Hotels ab. Urlaubs- und Ferienhotels haben in Ferienzeiten die stärkste Nachfrage während Businesshotels in Ferienzeiten oftmals sehr schwach nachgefragt werden. Liegt das Hotel im Einzugsgebiet einer Messestadt, so bedeuten große Messen meist eine sehr große Nachfrage, dementsprechend teuer lassen sich Hotelzimmer verkaufen.

3.2 Steuerung über den Preis

Betrachtet man die Belegungdes Hotels Pfiffikus nach Wochentagen (vgl. Abb. 3.1), so wird schnell deutlich, dass die Belegung recht regelmäßig an bestimmten Wo-

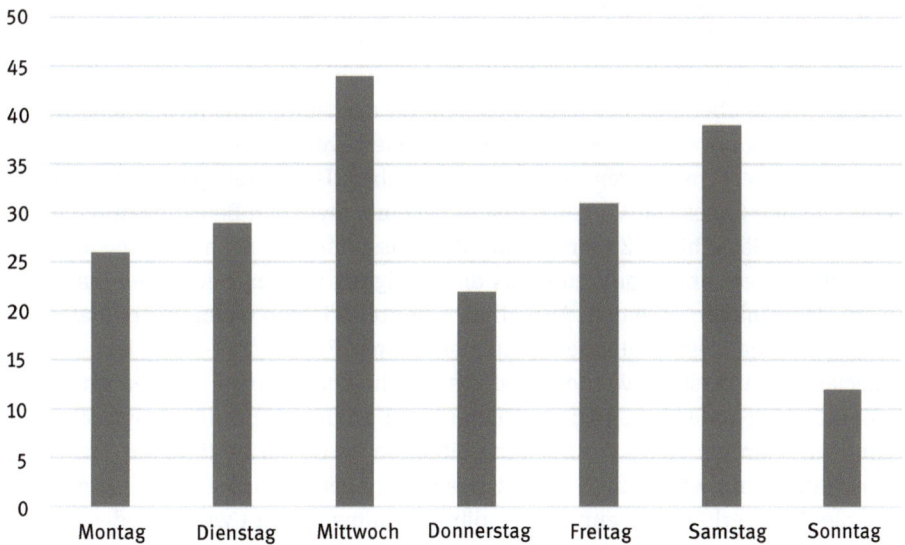

Abb. 3.1: Beispiel Wochenbelegung Hotel Pfiffikus.

chentagen schwankt. Mittwoch und Samstag sind immer die stärksten Tage, Donnerstag und Sonntag immer die schwächsten. Katrin kann sich das schnell erklären: unter der Woche sind meistens Geschäftsreisende zu Gast. Diese reisen meist Dienstag oder Mittwoch an, jedoch am Donnerstag wieder ab, um am Freitag zuhause zu sein. Am Freitag reisen dafür die Wochenendgäste an, die jedoch am Sonntag wieder abreisen. So sind Sonntag und Donnerstag genau die Tage zwischen beiden Gästegruppen, die besonders schwach sind.

Ziel einer Preisoptimierung wäre es nun, die Preise an den einzelnen Tagen so zu gestalten, dass Donnerstag und Sonntag attraktiver werden. Möglichkeiten hierfür gibt es zuhauf: Donnerstag und Sonntag preislich günstiger anbieten, an diesen Übernachtungstagen einen kostenfreien Mehrwert z. B. einen Begrüßungscocktail anbieten oder Preisrabatte für mehr Übernachtungen anbieten, um Gäste zum Bleiben zu bewegen, z. B. 3 Nächte bleiben nur 2 bezahlen oder ähnliches. Gleichzeitig soll die starke Nachfrage mittwochs und samstags dafür genutzt werden, um die Durchschnittsrate zu heben. An diesen Tagen sehen die Freunde gute Möglichkeiten, dass die Nachfrage das Angebot an Hotelzimmern übersteigt, so dass sie es sich leisten können, auf Buchungen von sehr preissensiblen Gästen zu verzichten. Funktioniert das Yield Management, so gelingt es, preissensible Gäste durch einen attraktiven Preis dazu zu bewegen, am Donnerstag oder Sonntag zu übernachten. Gäste welche z. B. durch berufliche Termine oder ihren freien Tagen am Wochenende darauf angewiesen sind, am Mittwoch oder Samstag zu übernachten, werden dies vermutlich auch zu einem etwas höheren Preis tun. Die Effekte von Preissenkungen oder Preiserhöhungen sind stets genau zu beobachten. Zu beachten ist hierbei die Leadtime. Wenn Wochenendgäste des Hotels Pfiffikus üblicherweise 6–8 Wochen im Voraus buchen, so kann eine Preisreduzierung 12 Wochen im Voraus vielleicht vereinzelte Buchungen generieren, der weitaus größere Effekt wird aber vermutlich innerhalb der regulären Leadtime deutlich.

Grundsätzlich lässt sich durch den Preis jedoch nicht nur steuern an welchem Tag die Gäste übernachten. Auch weiteres, für das Hotel günstiges, Buchungsverhalten kann und sollte über den Preis gesteuert werden. So ist es für ein Hotel beispielsweise günstig, wenn Gäste länger bleiben. Das Hotel spart sich somit den Check In und Check Out Vorgang, den es bei einer täglichen Belegung durch unterschiedliche Gäste hätte. Zudem ist die Abschlussreinigung nach Abreise eines Gastes aufwändiger und somit teurer als die Reinigung während des Aufenthaltes. Es wäre also denkbar, ab einem Aufenthalt von drei Nächten einen prozentualen Abschlag auf die Gesamtsumme anzubieten. Durch Frühbucher- oder Last-Minute-Specials kann versucht werden, Einfluss auf die Leadtime zu nehmen und Gäste zu einer lang- oder kurzfristigen Buchung zu animieren. Durch langfristige Buchungen kann ein Hotel die Buchungssituation an einem bestimmten Tag besser einschätzen und wenn durch langfristige Buchungen eine Basisbelegung gegeben ist, die Preise erhöhen, wenn die reguläre Leadtime erreicht wird und der Pick Up zunimmt. Kurzfristige Buchungen können dazu dienen, einen schwachen Tag zu stärken, der sich vielleicht nicht wie erwartet entwickelt hat. Um die Planbarkeit zu erhöhen, ist es auch hilfreich, Gäste davon abzuhalten wieder zu stornieren. Daher sind viele reduzierte Raten nicht mehr kostenfrei stornierbar – dadurch erhöhen sie die Planungssicherheit des Hotels, das auch bei Nichtanreise des Gastes zumindest 90 % des Umsatzes erhält. Bei nicht mehr stornierbaren Raten (Nonrefundable Rates) ist es sinnvoll, diese mit einer Vorausbezahlung zu verknüpfen, um im Falle einer Nichtanreise bzw. kostenpflichtigen Stornierung den Gast nicht im Nachhinein zum Bezahlen bringen zu müssen. Zudem vereinfacht sich der Check Out Prozess, wenn die Übernachtung bereits im Vorfeld bezahlt wurde.

Grundsätzlich wird von der Best Available Rate (BAR) oder auch Best Available Daily Rate (BAD) als Standardpreis ausgegangen. Diese dynamische Rate hat die statische Rack-Rate in Hotels inzwischen fast flächendeckend abgelöst. Die Unterscheidung zwischen BAR und BAD erfolgt ebenso wie die Unterscheidung zwischen ADR und ARR bei den Durchschnittsraten. Beide Begriffe drücken den Wert der Rate innerhalb einer Periode aus, bei der BAD ist diese Periode auf einen Tag festgelegt. Die BAR ist jene Rate, welche ohne Einschränkungen buchbar ist. Sie ist nicht an besondere Bedingungen oder Konditionen geknüpft, außer an die regulären Buchungs- und Stornierungsbedingungen des Hotels. Bei der Steuerung über den Preis kann nun entweder die BAR für einen bestimmten Zeitpunkt gesenkt bzw. erhöht werden oder bestimmtes Buchungsverhalten wird durch einen Abschlag auf die BAR angereizt.

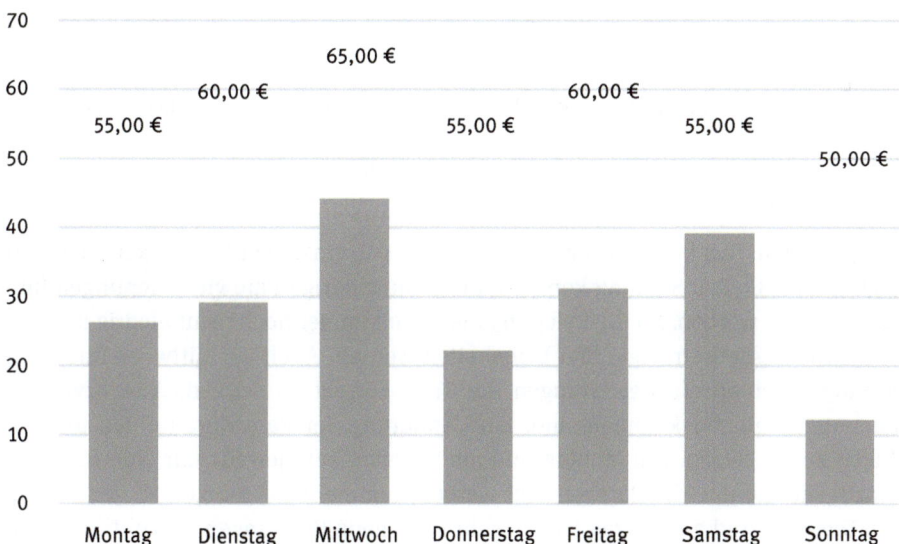

Abb. 3.2: Belegung und BAR nach Wochentag.

Abbildung 3.2 zeigt die BAR der einzelnen Tage, auf welche sich die Freunde geeinigt haben. Am Sonntag haben sie die von Herrn Schnudel geforderte Mindestrate von € 50,00 eingestellt, um für diesen sehr schwach belegten Tag noch einige Buchungen zu bekommen. Montag und Donnerstag sind auch sehr schwach belegt, allerdings etwas besser als der Sonntag. Hier sollen Buchungen zu 55,00 € generiert werden. Am Dienstag und am Freitag wird wieder eine höhere Nachfrage erwartet, weswegen die BAR hier auf 60,00 € eingestellt wird. An den Spitzen-Tagen, den sogenannten Peak-Tagen oder auch Peaks versuchen die Freunde eine BAR-Rate von 65,00 € durchzusetzen. In der grafischen Darstellung sieht man deutlich, wie die Schwankungen der BAR den Belegungsschwankungen entsprechen.

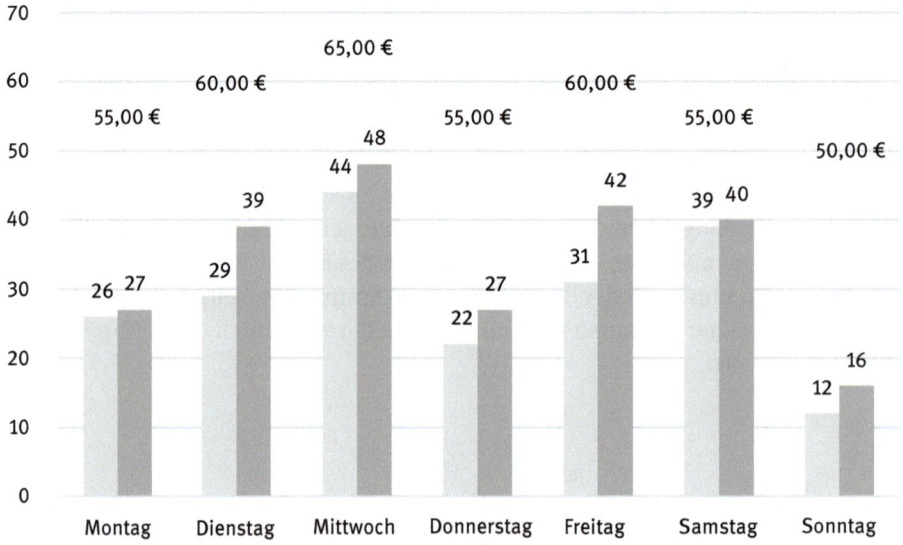

Abb. 3.3: Belegungsentwicklung und BAR nach Wochentag.

Am nächsten Tag hat sich die Buchungslage der einzelnen Tage leicht geändert (vgl. Abb. 3.3.). Am Sonntag konnten durch die niedrige Rate vier Buchungen hinzugewonnen werden. Da die Belegung insgesamt immer noch recht niedrig ist, sollte die Niedrigpreisstrategie hier beibehalten werden. Auch am Mittwoch und Donnerstag scheinen die Bewertungen der Tage korrekt zu sein, da vier bzw. fünf Buchungen hinzugekommen sind. Eine Änderung der Rate wäre an den übrigen Tagen zu überlegen. Am Montag und am Samstag kam jeweils nur eine Buchung hinzu. Hier könnte die Rate gesenkt werden, um mehr Buchungen zu generieren. Am Dienstag und am Freitag kamen sehr viele neue Buchungen hinzu. Hier könnten die Raten vermutlich leicht erhöht werden, um den Umsatz zu maximieren. Ob die Raten geändert werden oder noch abgewartet wird, hängt auch stark von der Leadtime ab und der Zeit, welche bis zum jeweiligen Anreisetag noch bleibt.

Im nächsten Schritt soll nun die Leadtime des Hotels Pfiffikus optimiert werden. Am Wochenende, also die Nächte Freitag und Samstag, beträgt die Leadtime aktuell 6–8 Wochen. Hier soll ein Anreiz geschaffen werden, frühzeitig zu buchen, also weiter als acht Wochen im Voraus. Daher wird eine Frühbucherrate (Advanced Purchase Rate, APR) eingeführt. Bei einer Buchung bis acht Wochen vor Anreise erhalten die Gäste so 20 % Rabatt auf die BAR. Am Freitag müssten somit statt 60,00 € nur 48,00 € bezahlt werden, am Samstag analog 52,00 €. Problematisch ist nun, dass die APR am Freitag unter die gewünschte Mindestrate fällt. Daher muss beim Yield Management immer der jeweilige Abschlag berücksichtigt und die BAR entsprechend angepasst werden. Für Freitag wird die BAR daher auf 70,00 € angepasst, was mit 20 % Abschlag einer APR von 56,00 € entspricht. Am Samstag wird die BAR auf 75,00 € erhöht, was dann einer APR von 60,00 € entspricht. Der Vorteil an diesen Abschlägen ist, dass sie entsprechend im Buchungsprozess dargestellt werden können. Der Gast sieht sowohl die BAR als auch die günstige APR und ist sich daher direkt seiner Ersparnis bewusst, was ihn eher dazu animieren könnte zu buchen. Im Idealfall können so bis acht Wochen vor Anreise ausreichend Buchungen für eine gute Basisbelegung generiert werden, so dass dann reguläre Raten ohne Abschlag durchgesetzt werden können. Wenn die BAR nicht verändert wird, so ändert sich der niedrigste Verkaufspreis ab acht Wochen vor Anreise von der APR auf die BAR. Hier ist zu prüfen, ob das Niveau der BAR korrekt ist, oder etwas reduziert werden muss, nachdem der Abschlag nicht mehr gewährt wird.

Eine weitere Möglichkeit, um Nachfrage in schwachen Zeiträumen zu stimulieren, ist das Angebot von Paketpreisen (Packages). Hier werden verschiedene Leistungen des Hotels als Paket zusammengefasst und verkauft. Der Gesamtpreis des Paketes ist günstiger als die Summe der Einzelleistungen, um dem Gast einen Vorteil zu bieten, alle Leistungen zusammen zu buchen. Ein operativer Vorteil von Paketen ist zudem, dass durch die Vorausbuchung von Zusatzleistungen die Planbarkeit steigt. Wenn beispielsweise ein Paket bestehend aus Übernachtung, Frühstück und Abendessen gebucht wird, so kann bereits mit einer entsprechenden Belegung des Restaurants für Frühstück und Abendessen gerechnet werden. Andernfalls entscheiden sich die Gäste ggf. erst spontan, ob sie im Haus oder außer Haus essen, was die Planbarkeit von Personal und Wareneinkauf sehr erschwert. Ein weiterer Vorteil von Paketen ist, dass die Preise der einzelnen Leistungen für den Gast nicht sichtbar sind. Der Übernachtungspreis innerhalb eines Paketes im Hotel Pfiffikus könnte somit auch unter € 50,00 liegen, ohne dass Herr Schnudel Imageeinbußen befürchten muss.

Eine weitere Möglichkeit, die Buchungen für einen bestimmten Zeitraum zu erhöhen ist die kurzfristige Preissenkung für diesen Termin, ein sogenannter Flash Sale. Hier werden die Preise für eine kurze Buchungszeit stark gesenkt, um potentielle Gäste zu einer Buchung zu bewegen. Die Buchungszeit beträgt meist wenige Tage bis eine Woche, der Zeitraum für den gebucht werden kann meist mehrere Wochen oder gar Monate, wobei einzelne Tage ausgeschlossen werden können (z. B. der Bachelorball). Ein Flash Sale kann auf einen einzelnen Kanal beschränkt sein oder grundsätzlich für alle Kanäle gelten (siehe Steuerung über Buchungskanal). Wichtig ist, dass ein Flash Sale entsprechend kommuniziert wird. Eine kurzfristige Senkung der Preise von der kein Gast etwas merkt, verpufft meist ohne

Effekt. Als klassisches Datum für einen Flash Sale hat sich in den letzten Jahren beispielsweise der ‚Black Friday' etabliert. Dieser Tag fällt stets auf den Freitag nach Thanksgiving, dem US-amerikanischen Erntedankfest. In den USA wird dieser Tag oft als Brückentag genutzt und gilt als Startschuss für die Weihnachtseinkäufe. Auch in Deutschland wird dieser Tag inzwischen häufig für Flash Sales genutzt, andere Tendenzen wie etwa besondere Angebote am Tag der Deutschen Einheit sind noch eher gering.

3.3 Steuerung über die Verfügbarkeit

Neben dem Preis kann auch die Verfügbarkeit dazu dienen, die Nachfrage zu steuern. Der gängigste Ansatzhebel hier ist die Verfügbarkeit von Zimmerkategorien. Im Hotel Pfiffikus werden beispielsweise Zimmer zur Straße und Zimmer zur Altstadt unterschieden. Bisher wurden alle Zimmer für den gleichen Preis verkauft, wobei die Zimmer mit Blick zur Altstadt bei den Gästen wesentlich beliebter sind als die Zimmer zur Straße. Die Freunde überlegen nun, die Zimmer zur Altstadt etwas teurer anzubieten als die Zimmer zur Straße. Sie gehen davon aus, dass die meisten Gäste auf den Preis achten und daher zunächst die Straßenzimmer gebucht werden. Wenn die Zimmer kategoriengenau verkauft werden, müssen die Gäste automatisch die höhere Kategorie buchen, sobald die günstigste ausgebucht ist. Durch die Nicht-Verfügbarkeit der niedrigeren Kategorie steigt also der Preis für eine Übernachtung automatisch, ohne dass die BAR angepasst wurde. Problematisch wird dieses Vorgehen zum einen, wenn eine Buchung in der niedrigeren Kategorie storniert wird. In diesem Fall ist wieder ein günstigerer Preis verfügbar, sobald es verkauft, ist steigt der Preis wieder. Dieser Mechanismus kann zu einem sehr rapiden Auf und Ab von Zimmerpreisen führen, was für Gäste nicht immer nachvollziehbar ist. Eine weitere Problematik ergibt sich, wenn ein Gast, welcher ein Zimmer zur Straße gebucht hat, seinen Aufenthalt verlängern möchte. Der Umzug in ein anderes Zimmer in Verbindung mit einer höheren Rate ist für das Housekeeping aufwändig und für den Gast oft ärgerlich. Üblicherweise wird daher die günstige Zimmerkategorie weiterhin verkauft, auch wenn sie eigentlich ausgebucht ist. Einige Gäste haben dann das Glück, ein Upgrade in eine höhere Zimmerkategorie zu erhalten. Das Schließen von Zimmerkategorien ist eine schnelle und wirksame Yield Management Maßnahme, muss jedoch auch operativ sinnvoll sein.

Zu diesen guten Überlegungen zählen die erwarteten Stornierungen. Grundsätzlich kann zwischen Stornierungen (kostenfrei und kostenpflichtig) sowie NoShows unterschieden werden. NoShows sind Gäste welche trotz bestehender Reservierung nicht anreisen. Da die Zimmer über Nacht gehalten werden, sind NoShows fast immer kostenpflichtig. Dennoch ist ein anreisender Gast einem NoShow vorzuziehen, da hier die Möglichkeit von Zusatzverkäufen in Bar und Restaurant besteht. Kostenpflichtige Stornierungen wurden im Rahmen der Frühbucherraten bereits thematisiert. Kostenfrei kann in den meisten Hotels bis 24 Stunden vor Anreise oder auch bis 18:00 Uhr am Anreisetag storniert werden. Diese sehr kulante Regelung kommt vor allem Geschäftsreisenden zugute, deren Reisepläne sich teilweise kurzfristig ändern. Oftmals werden mit Ablauf der kostenfreien Stornierungsfrist nicht garantierte Buchungen vom Hotel automatisch storniert. Verhindern lässt sich das von Seiten des Gastes durch Vorausbezahlen der Buchung oder Garantie der Buchung durch eine Kreditkarte. Ist die Buchung so abgesichert, wird das Zimmer die ganze Nacht für den Gast freigehalten, da das Hotel auch bei Nichtanreise die Möglichkeit hat, die Kosten einzuziehen. Mit dieser Flexibilität für die Gäste steigt jedoch auch die Komplexität für ein Hotel, das natürlich eine Belegung von 100 % anstrebt. Die erwarteten Stornierungen und NoShows ergeben zusammen gefasst den sogenannten Wash Factor. Wie hoch der Wash Factor letztendlich sein wird, kann man vorher nicht genau sagen, auch hier muss wieder auf Erfahrungswerte zurückgegriffen werden. Aufgrund dieser Erfahrungswerte kann der Wash Factor prognostiziert und als Grundlage für künftige Überbuchungen genutzt werden (vgl. Abb. 3.4).

Wie in der Grafik dargestellt, können Stornierungen und NoShows trotz voll ausgebuchtem Haus dazu führen, dass die Belegung am Ende des Tages bei unter 100 % liegt. Wenn die übliche Anzahl der Stornierungen und NoShows bekannt ist, kann diese als Höhe der Überbuchung genutzt werden, um den Tag dennoch mit 100 % Belegung abzuschließen. Allerdings ist es eher selten so, dass die Anzahl an Stornierungen und NoShows konstant bleibt. Schließlich handelt es sich um individuelle Buchungen und Entscheidungen für oder gegen eine Anreise. Aufgrund der Zusammensetzung der Buchungen und auf der Basis von Erfahrungswerten lässt sich die Anzahl jedoch gut abschätzen.

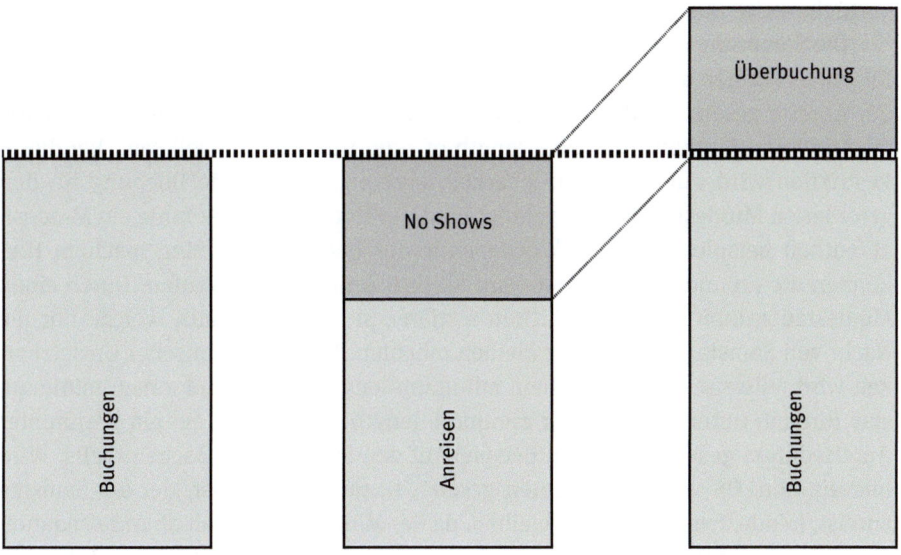

Abb. 3.4: Stornos, NoShows und Überbuchung.

Tab. 3.1: Einflussfaktoren für den Wash Factor.

Wahrscheinlich höherer Wash Factor	Wahrscheinlich niedrigerer Wash Factor
Viele Anreisen	Viele Gäste bereits im Haus
Hoher Anteil an Individualbuchungen	Hoher Anteil an Gruppenbuchungen
Viele neue Gäste	Viele Stammgäste
Tendenziell günstige Zimmerraten	Stark gebuchter Zeitraum (Messe)
Wenig garantierte Buchungen	Hoher Anteil an garantierten Buchungen

Tabelle 3.1 zeigt einige Erfahrungswerte, welche für eine höhere bzw. niedrigere Rate an NoShows und Stornierungen sprechen können. Diese Faktoren sind von Hotel zu Hotel unterschiedlich. Um Erfahrungswerte zu erhalten macht es Sinn, sowohl die Anzahl der NoShows und kurzfristigen Stornierungen an einzelnen Tagen zu dokumentieren, als auch die jeweiligen Faktoren, die als beeinflussend eingeschätzt werden (z. B. Anzahl an Anreisen). Wie stark sich ein Hotel letztendlich überbucht, basiert dann auf den Erfahrungswerten und auf einer individuellen Risikoabwägung. Wenn das Hotel tendenziell viele kurzfristige Buchungsanfragen erhält, so kann die Überbuchung geringgehalten werden, da Zimmer von nicht anreisenden Gästen kurzfristig anderweitig verkauft werden können. Besteht eine Überbuchung, welche sich nicht auflösen lässt, so müssen Gäste ‚gewalkt‘, also in ein anderes Hotel umgebucht werden. Dies sollte möglichst vermieden werden, da es zu verärgerten Gästen und erhöhten Kosten führt, schließlich müssen die Kosten für eine alternative Unterbringung, der Transport dorthin und ggf. noch eine Kompensation gezahlt werden. Oftmals sprechen sich Hotels innerhalb einer Region an stark gebuchten bzw. überbuchten Tagen ab, um zu klären, welches Haus noch Verfügbarkeiten hat und zu welchen Raten diese Zimmer aktuell verkauft werden.

Die Steuerung über Verfügbarkeiten kann nicht nur über Zimmerkategorien erfolgen, es können auch Restriktionen bezüglich der Aufenthaltsdauer, der An- und der Abreise gesetzt werden. An stark nachgefragten Tagen bzw. Zeiträumen kann ein Mindestaufenthalt (minimum length of stay, MinLOS) sinnvoll sein. Bei dieser Restriktion wird nur dann Verfügbarkeit angezeigt, wenn eine Buchung für den geforderten Mindestaufenthalt getätigt wird. Im Hotel Pfiffikus könnte ein Mindestaufenthalt beispielsweise am Wochenende des Bachelorballs Sinn machen. Hier können die Freunde recht sicher sein, all ihre Zimmer zu verkaufen. Durch einen Mindestaufenthalt von zwei Nächten sortieren sie alle Gäste aus, welche nur die Nacht von Samstag auf Sonntag bleiben möchten. Je nach technischer Umsetzbarkeit wird teilweise zwischen einem minimum length of stay und einem minimum stay through unterschieden. Der minimum length of stay wird auf ein bestimmtes Anreisedatum gesetzt, also zum Beispiel auf den Samstag des Bachelorballs. Wird hier ein MinLOS von zwei Nächten gesetzt, so muss jeder Gast, der am Samstag anreist, mindestens bis Montag bleiben, da der Mindestaufenthalt ab Anreisedatum gilt. Bei einem minimum stay through muss der Aufenthalt des Gastes, sobald er die Nacht von Samstag inkludiert, auf jeden Fall zwei Nächte betragen, unabhängig vom Anreisedatum. So könnte der Gast auch am Freitag anreisen und am Sonntag abreisen. Wenn ein MinLOS aus technischen Gründen nicht durch einen minimum stay through ausgedrückt werden kann, so lässt sich dieser bei einer höheren Anzahl an geforderten Nächten oftmals umgehen. Wenn das Hotel Pfiffikus beispielsweise einen MinLOS von drei Nächten auf den Samstag setzt, so müsste jeder Gast der am Samstag anreist bis Dienstag bleiben. Reist ein Gast jedoch am Freitag an, so betrifft ihn dieser MinLOS nicht (da er ja nur für das Anreisedatum Samstag gilt), und der Gast kann regulär am Sonntag abreisen. Wird ein Mindestaufenthalt von mehr als zwei Nächten gefordert, ist die technische Umsetzbarkeit also von enormer Bedeutung. Analog zum Mindestaufenthalt kann auch die Restriktion eines maximum lenght of stay (MaxLOS), einer maximalen Aufenthaltsdauer gesetzt werden. Diese Restriktion macht wirtschaftlich nur in Ausnahmefällen Sinn, zum Beispiel um sogenannte Visabuchungen zu vermeiden. In diesen Fällen buchen Gäste einen langen Aufenthalt um bei der Beantragung eines Visas einen Aufenthaltsort nachweisen zu können. Diese Buchungen werden meist nicht realisiert und blockieren somit Verfügbarkeit, weswegen sie durch einen MaxLOS verhindert werden können. Ansonsten spielt der MaxLOS im täglichen Yield Management kaum eine Rolle.

Auch der MinLOS wird gerade in der Businesshotellerie nur sehr zögerlich angewendet, da er eine sehr starke Restriktion darstellt, welche viele Buchungen verhindert. Und Nachfragesituationen, welche dies erlauben sind eher selten. Je höher die Anzahl an geforderten Nächten, desto stärker die Restriktion. Ein MinLOS wird daher in den allermeisten Fällen nur für zwei Nächte gesetzt. Bei einem Peaktag dient er so dazu, die beiden Schulternächte (oder auch shoulder nights) zu stärken. Wird die Buchungslage eines Hotels als Balkendiagramm dargestellt, so kann ein einzelner, stark gebuchter Tag wie ein Kopf wirken, die Nacht davor und danach wirken dann aufgrund der niedrigeren Buchungslage wie Schultern. Im Falle des Bachelorballs ist Samstag also die Peaknacht (der „Kopf"), Freitag und Sonntag sind die Schulternächte. Durch einen MinLOS von zwei Nächten werden – wie oben erläutert – Freitag und Sonntag mit gestärkt. In manchen Fällen soll aber nur eine Schulternacht gestärkt werden, also entweder der Freitag oder der Sonntag. Hierfür eignet sich dann statt dem MinLOS die Restriktion close to arrival (CTA) bzw. close to departure (CTD). Bei der close to arrival Restriktion wird die Anreise an einem bestimmten Tag verboten. Wird diese Restriktion beispielsweise auf den Samstag gesetzt, so muss jeder Gast, welcher am Samstag übernachten möchte, bereits am Freitag anreisen. Die Abreise am Sonntag ist regulär möglich. Es wird also nur der Freitag mit gestärkt, die Nacht von Sonntag bleibt bei dieser Restriktion unberührt. Soll anstatt dem Freitag der Sonntag gestärkt werden, macht die Restriktion close to departure auf den Sonntag gesetzt Sinn. So muss jeder Gast, der von Samstag auf Sonntag übernachtet auf jeden Fall bis Montag bleiben, da die Abreise am Sonntag nicht gestattet wird. Während die Restriktion MinLOS für die meisten Menschen noch verständlich ist, so ruft ein CTA oder ein CTD oftmals Empörung hervor, wirkt es doch wie ein starker Eingriff in die Entscheidungsfreiheit. Dazu sei angemerkt, dass die Gäste selbstverständlich an- und abreisen können, wann sie es möchten, die Restriktionen beziehen sich ja auf die Buchungen. Wenn am Sonntag ein CTD gesetzt ist, so muss der Gast bis Montag buchen. Er kann natürlich am Sonntag abreisen, muss dann jedoch die Nacht von Sonntag auf Montag dennoch bezahlen. Hinzu kommt, dass die meisten Restriktionen von den Gästen unbemerkt bleiben. Wenn ein Gast die Verfügbarkeit für ein bestimmtes Datum abfragt und kein Buchungsangebot erhält, ist die naheliegende Vermutung, dass das Hotel ausgebucht ist. Um zu bemerken, dass lediglich bestimmte Restriktionen gesetzt wurden, müsste der Gast die Abfrage mit veränderten Parametern wiederholen. Da eine Buchung mit veränderten An- und Abreisedaten bzw. einer anderen Aufenthaltsdauer für viele Gäste jedoch nicht in Frage kommt, wird dieser Schritt kaum unternommen. Zuletzt sei noch darauf hingewiesen, dass gerade CTA und CTD in der Ferienhotellerie seit Jahren praktiziert und akzeptiert wird. So ist es in Ferienresorts durchaus üblich, dass immer nur samstags bzw. sonntags an- und abgereist werden darf und der Mindestaufenthalt somit eine Woche beträgt.

Bei dem Setzen von Verfügbarkeitsrestriktionen ist unbedingt auf die Wechselwirkung der Restriktionen zu achten. So kann ein Hintereinanderschalten verschiedener Restriktionen schnell dazu führen, dass fast keine Buchung mehr zugelassen wird, was einem ungewollten Schließen des Hotels gleichkommt. Es muss also auf jeden Fall der Überblick über gesetzte Restriktionen behalten werden. Erst wenn der gewünschte Überbuchungsstand erreicht ist, sollte ein Hotel ‚geschlossen' werden, also die Verfügbarkeit aller Zimmer und Raten auf sämtlichen Buchungskanälen auf Null gesetzt werden. In diesem Fall wird keine Buchung mehr akzeptiert, man spricht von einem Hard Close. Dieser wird eher kritisch gesehen, schließlich kann ggf. die bestehende Buchungssituation optimiert werden. Das bedeutet man nimmt in Kauf, dass durch eine neue Reservierung die Überbuchungssituation so steigt, dass ggf. ein Gast ausquartiert werden muss. Die macht nur dann Sinn, wenn die Differenz zwischen der neuen Buchung und der Buchung, welche dann ausquartiert werden müsste, größer ist als sämtliche Zusatzkosten, welche durch das Ausquartieren entstehen. Im Hotel Pfiffikus könnte es also auch am ausgebuchten Tag des Bachelorballs Sinn machen, ein einzelnes Zimmer zu einer sehr hohen Rate wie zum Beispiel 500,00 € buchbar zu machen. Die Wahrscheinlichkeit, dass dieses Zimmer gebucht wird, ist eher gering. Sollte es dennoch geschehen, so wäre es für diese Buchung verschmerzbar, einen Gast, welcher sein Zimmer zu 60,00 € gebucht hat, auszuquartieren. Zudem wird durch die stete Verfügbarkeit von mindestens einem Zimmer gewährleistet, dass auch Buchungen mit einer langen Aufenthaltsdauer getätigt werden können und nicht durch einen einzelnen geschlossenen Tag abgelehnt werden.

Tab. 3.2: Verfügbarkeit von Raten.

Bachelor-Ball Samstag	Zimmer zur Straße	Zimmer zur Altstadt
BAR	Open	Open
APR	Close	MinLos 2
Paket inkl. Abendessen	Close	Close

Die Steuerung von Raten und Verfügbarkeiten kann natürlich auch dahingehend kombiniert werden, dass nicht sämtliche Raten verfügbar sind, oder sie nur für bestimmte Zimmerkategorien verfügbar sind. In Tabelle 3.2 sind neben den beiden Zimmerkategorien des Hotels Pfiffikus auch drei Raten gezeigt. Die BAR als best available rate, die APR als Frühbucherrate mit 20 % Abschlag auf die BAR und das Paket, welches Abendessen beinhaltet. An einem Peaktag wie dem Samstag des Bachelorballs kann es nun sinnvoll sein, sehr günstige Raten wie das Paket zu schließen. Solche Sonderangebote sollten nur in Zeiten schwacher Nachfrage genutzt werden, um Nachfrage zu generieren. Die BAR, welche aufgrund der erwarteten starken Nachfrage recht hoch angesetzt wurde, ist für beide Zimmerkategorien regulär offen. Die etwas günstigere APR ist hier im Beispiel nur für die höhere Zimmerkategorie buchbar und dort auch nur bei einem Mindestaufenthalt von zwei Nächten. Die Tabelle 3.2 zeigt nur ein mögliches Szenario für die Kombination von Restriktionen. Je ausgefeilter sie sind, desto genauer kann die Nachfrage gesteuert und der Umsatz maximiert werden. Allerdings erhöht sich durch diese Kombinationen auch die Komplexität, was zu mehr Zeitaufwand führt und die Fehlerwahrscheinlichkeit erhöht.

3.4 Steuerung nach Buchungskanal

Die Zeiten, in welchen Reservierungen ausschließlich telefonisch oder postalisch getätigt wurden, sind längst vorbei. Spätestens seit der flächendeckenden Verbreitung des Internets werden Buchungen per mail oder online getätigt. Durch die Vielzahl an Reisevermittlern, welche online tätig sind, behalten Kunden kaum den Überblick, wo welches Hotelzimmer am günstigsten zu buchen ist. Daher finden sich heute verstärkt auch Metasearch-Seiten, auf denen Preise unterschiedlicher Portale verglichen werden. Auf diesen Suchseiten kann nicht direkt gebucht werden, sie leiten den Kunden jedoch auf die Seite des jeweiligen Portals weiter.

Abbildung 3.5 gibt einen ersten Überblick über die verschiedenen Vertriebswege in der Hotellerie. Der ursprüngliche Vertriebsweg ist der Direktvertrieb, wenn Hotel und Gast direkt in Kontakt treten und einen Vertrag schließen. Ob dies telefonisch, persönlich, per E-Mail oder online über die Homepage des Hotels erfolgt, ist hierbei nicht relevant. Der Nachteil dieser direkten Vertriebsstruktur ist, dass Hotels nur eine begrenzte Reichweite haben. Zum einen sind Hotelwebsites selten in mehr als zwei bis drei Sprachen übersetzt, und somit für Gäste aus entlegeneren Ländern oftmals nicht verständlich. Zum anderen suchen Gäste oftmals nicht nach einem bestimmten Hotel, sondern nach Übernachtungsmöglichkeiten in einer Destination. Es bietet sich für Gäste also an, auf Reisebüros zurückzugreifen. Durch die Vermarktung einer Vielzahl von Hotels kann so rasch ein Überblick über Angebot und Preise gewonnen werden. Unterschieden werden können Reisebüros in Online Travel Agencies (OTAs) wie etwa booking.com, HRS, Expedia, Venere, Agoda etc. und Vertical Travel Agencies, welche von Unternehmen anderer touristischer Wertschöpfungsstufen betrieben werden. Beispiele hierfür sind etwa LH City Center oder auch die TUI Reisebüros. Beide Firmen bieten eigene touristische Leistungen an und haben im Rahmen der vertikalen Diversifikation Reisebüros gegründet, welche auch Leistungen anderer touristischer Leistungsträger vermarkten, etwa Hotelzimmer. Gerade große Firmen mit hohem Reiseaufkommen betreiben oft ein eigenes Reisebüro, sogenannte Corporate Travel Agencies. In einer weiteren Gruppe werden unabhängige Reisebüros und Konsortien zusammengefasst. Unabhängige Reisebüros sind einzelne, meist kleine Geschäfte während Konsortien (Consortia) große Zusammenschlüsse von Reisebüros sind. Konsortien sind beispielsweise Carlson Wagonlit Travel (CWT), American Express (Amex) und BCD Travel. All diese Reisebüros erhalten Zimmerverfügbarkeiten von den Hotels und verkaufen diese an den Kunden. Vertragspartner sind also Hotel und Reisemittler sowie Kunde und Reisemittler. Das bedeutet auch, dass das Hotel bei der Buchung oftmals nur die nötigsten Daten des Kunden erhält und diese ggf. bei Anreise abfragen muss. Die wertvollen Daten über das Reiseverhalten der einzelnen Gäste werden bei Buchung von den Reisemittlern gesammelt. Zudem erfolgt die Vermittlung von Zimmern auf Provisionsbasis. Dies birgt für das Hotel zunächst kein Risiko, da nur auf tatsächlich getätigte Buchungen Provision gezahlt werden muss. Allerdings werden anders als z. B. in der Immobilienbranche Provisionen komplett vom Hotel bezahlt, was die Einkünfte oft massiv schmälert.

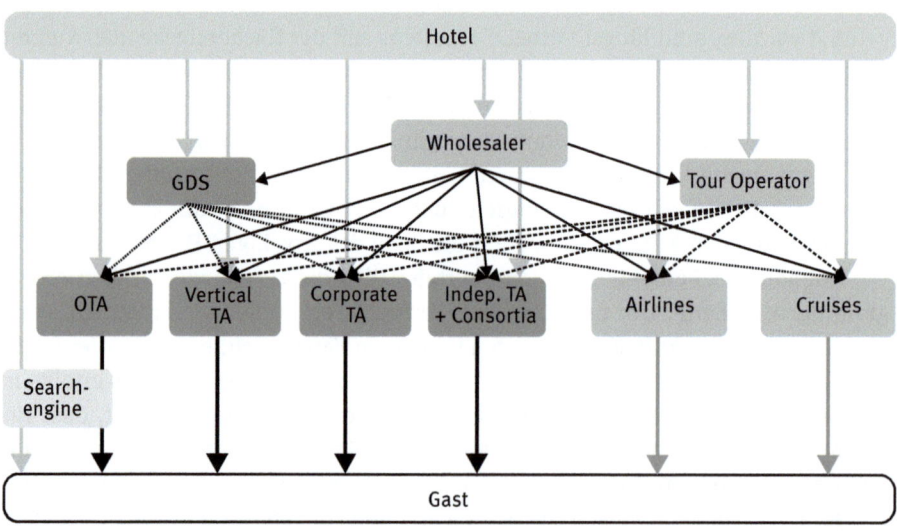

Abb. 3.5: Vertriebswege in der Hotellerie – vereinfachte Darstellung.

Eine vergleichbare Partnerschaft wie mit den Reisemittlern gehen Hotels auch mit Fluggesellschaften und Kreuzfahrtgesellschaften ein, welche ebenfalls für ihre Kunden Zimmer buchen und dafür eine Provision in Rechnung stellen. Etwas weiter gefasst ist das Geschäftsmodell der Tour Operator. Sie bieten nicht eine spezifische Reiseleistung (z. B. Kreuzfahrt) an, für welche sie dann vor- oder nachgelagerte Reisebestandteile buchen, sondern schnüren individuelle Reisepakete für ihre Kunden. Diese können aus den unterschiedlichsten Bestandteilen bestehen, je nach Wünschen des Kunden. Ein bekannter Tour Operator ist beispielsweise die Firma Thomas Cook.

Für den Kunden meist nicht direkt erkennbar, aber ebenfalls wichtige Vertriebspartner für die Hotellerie sind Global Distribution Systems (GDS) und Wholesaler. Ursprünglich wurden GDS als Buchungssysteme für Airlines entwickelt, um den Buchungsprozess von Leistungen zu vereinfachen. Heute sind GDS sehr komplexe Reservierungssysteme, welche Raten und Verfügbarkeiten von unterschiedlichen touristischen Leistungsträgern (Hotels, Airlines, Autovermietungen etc.) darstellen. Die größten GDS sind aktuell Amadeus, Sabre und Galileo. Für den Vertrieb über die GDS müssen touristische Leistungsträger eine GDS Gebühr bezahlen. Wholesaler sind vor allem im asiatischen Raum tätig und organisieren meist Gruppen(rund)reisen mit unterschiedlichen Bausteinen. Beispiele für Wholesaler sind Miki, Kuoni, MI Travel, Destinations of the World, Exclusively Hotels und Gullivers Travel Associates (GTA). Anders als die bisher vorgestellten Vertriebskanäle arbeiten Wholesaler mit Nettoraten. Sie erhalten also üblicherweise keine Provision von den Hotels, sondern günstigere Raten, welche sie entsprechend in Paketen und mit einem Aufschlag versehen weiterverkaufen. Da diese Raten teilweise unter der BAR des Hotels liegen, dürfen die Zimmerraten in dem Paket, welches der Endkunde bucht, nicht direkt erkennbar sein.

Problematisch für die Hotels ist, dass die unterschiedlichen Vermittler die ihnen zur Verfügung gestellten Zimmer auf unterschiedlichsten Plattformen verkaufen und auch untereinander Verfügbarkeiten vertreiben. So hat ein Hotel kaum einen Überblick, auf welchen Portalen oder Internetseiten es buchbar ist. Durch die vielen Zwischenschritte ist auch nicht immer klar erkennbar, welcher Vertriebspartner des Hotels die Zimmer an die jeweiligen Portale weitergegeben hat. Sollte das Hotel feststellen, dass eine Zimmerrate öffentlich buchbar ist, welche rein für den paketierten Verkauf durch Wholesaler gedacht war, so kann es oftmals nur durch eine Testbuchung feststellen über welchen Kanal die Buchung letztendlich im Hotel ankommt, um dann den entsprechenden Vertragspartner anzusprechen.

Abbildung 3.6 zeigt die Umsatzflüsse im Hotelvertrieb, welche vom Gast mit entsprechenden Zwischenschritten zum Hotel fließen. Die jeweiligen Werte sind nur ungefähre Abschlagswerte, sie basieren auf Verträgen, welche individuell zwischen Hotel und Mittler vereinbart wurden. Relevant bei dieser Abbildung sind jedoch nicht die absoluten Werte, sondern die Aussagekraft, dass auch wenn ein Gast immer die gleiche Rate bezahlt, je nach Buchungsweg unterschiedlich hohe Raten beim Hotel ankommen. Im Rahmen der Umsatzoptimierung macht es daher für ein Hotel durchaus Sinn, auch die Buchungswege zu optimieren.

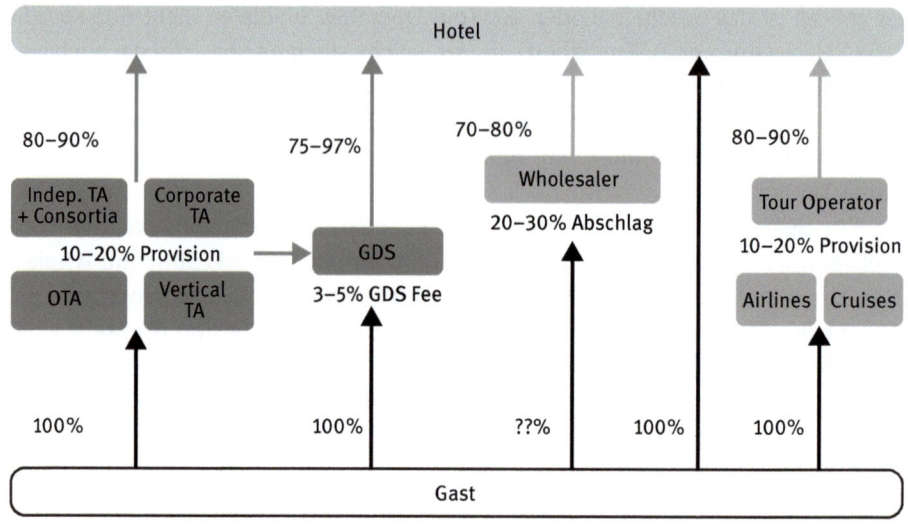

Abb. 3.6: Provisionen und Abschläge im Hotelvertrieb – vereinfachte Darstellung.

Viel diskutiert ist die Ratenparität bzw. die Bestpreisklausel. Die Ratenparität (rate parity) besagt, dass Gästen auf allen öffentlich zugänglichen Vertriebskanälen die gleiche Rate angeboten wird. Die inzwischen untersagte Bestpreisklausel war Vertragsbestandteil zwischen Reisebüros und Hotels, welche den Hotels untersagte, auf anderen Kanälen günstigere Preise anzubieten. Inzwischen bieten Hotels auf der eigenen Homepage oftmals günstigere Preise an, teilweise in Verbindung mit einem Kundenbindungsprogramm oder in Form eines attraktiven Paketes mit Zusatzleistungen. Eine direkte Senkung der Rate auf der eigenen Homepage kann bei Portalen, welche viele Hotels führen, durch ein niedrigeres Listing oder eine schlechtere Darstellung des Hotels abgestraft werden. Diese Maßnahmen können Hotels empfindlich treffen, da die Reichweite dieser Buchungsportale meist deutlich höher ist als die Reichweite der eigenen Hotelwebsite. Zudem würde die Pflege der einzelnen Portale mit unterschiedlichen Raten die Komplexität deutlich erhöhen, was zu vermehrtem Fehleraufkommen führen kann. Zur Pflege der Raten und Verfügbarkeiten auf der Vielzahl an Vertriebsplattformen werden oftmals Channel Manager eingesetzt. Das sind computergestützte Programme, welche Einstellungen in Bezug auf Raten und Verfügbarkeiten in die unterschiedlichen Plattformen einpflegen und so die Fehlerwahrscheinlichkeit reduzieren.

Eine effektivere Methode des Yield Managements ist daher, anstatt der Preise die Verfügbarkeiten auf den unterschiedlichen Kanälen entsprechend zu steuern. Ist die Nachfrage eher schwach so kann Verfügbarkeit auf allen Kanälen bestehen, um möglichst viele Buchungen zu erhalten. Ist eine stärkere Nachfrage erkennbar oder wird sie erwartet, so kann der Verkauf über einzelne, für das Hotel teure Vertriebswege geschlossen werden. Die Vertriebswege können schrittweise eingeschränkt werden, bis zuletzt nur noch der Direktvertrieb bleibt, welcher den höchsten Umsatz für das Hotel bringt. Zu beachten sind hierbei die Vertragsmodalitäten. Gerade Tour Operator und Wholesaler arbeiten oftmals mit Kontingenten. Diese können nicht einfach anderweitig verkauft werden. Meist gibt es bei Vertragsabschluss die Möglichkeit, das Kontingent an bestimmten, stark nachgefragten Tagen zu reduzieren. Ist ein Kontingent vereinbart und die Buchungslage entwickelt sich unerwartet stark, so kann versucht werden noch nicht verkaufte Zimmer zurück zu erhalten, dies geschieht jedoch auf Goodwill des jeweiligen Vertriebspartners. Ist dieser nicht zur Freigabe des Kontingentes bereit, so muss gewartet werden bis es regulär verfällt, meist etwa 2–3 Wochen vor Anreisedatum. Einfacher einschränken lässt sich die Verfügbarkeit bei Freesale Optionen. Bei diesen Verträgen hat der Vertriebspartner kein festes Kontingent, sondern darf so lange frei verkaufen bis der Freesale geschlossen wird.

Tab. 3.3: Kombinationsrestriktionen nach Rate und Buchungskanal.

Bachelorball Samstag	Direktbuchungen	GDS	Travelagents (inkl. OTA)	Wholesaler Tour Operator
BAR	Open	Open	MinLos 2	Close
APR	Minlos 2	CTA	CTA	Close
Paket inkl. Abendessen	Close	Close	Close	Close

In Tabelle 3.3 ist nun eine Möglichkeit dargestellt, die Verfügbarkeit von Raten nach einzelnen Buchungskanälen zu steuern. Auf die Dimension der Zimmerkategorien wurde aufgrund der Übersichtlichkeit verzichtet. Die günstigste Rate, das Paket inklusive Abendessen ist auf allen Kanälen geschlossen. Ebenso sind Buchungen von Wholesalern und Tour Operatern als jene Buchungen mit der geringsten Marge für alle Raten geschlossen. Da über diesen Buchungskanal keinerlei Buchungen mehr akzeptiert werden, spricht man hier von einer Schließung auf house level, also das ganze Hotel betreffend. Im Gegensatz dazu stehen Restriktionen auf rate level je nach Rate oder nach Zimmerkategorie auf room type level. Die BAR-Rate ist für Direktbuchungen und für GDS-Buchungen geöffnet, bei Buchungen über Reisebüros wird ein Mindestaufenthalt von zwei Nächten gefordert. Hintergrund ist hier, dass davon ausgegangen wird, ausreichend Nachfrage über die kostengünstigeren Buchungskanäle zu erhalten. Falls eine Buchung über ein Reisebüro kommt, für welche das Hotel Pfiffikus ja Provision zahlen muss, so sollte diese Buchung über mindestens zwei Nächte gehen, um entsprechend Umsatz zu generieren. Da die BAR während des Bachelorballs recht hoch ist, buchen die meisten Gäste die Frühbucherrate zu 20 % Abschlag. Mit dieser Rate sind sie zwar nicht so flexibel wie mit der BAR, jedoch gehen die meisten Eltern davon aus, dass ihre

Kinder das Studium erfolgreich beenden und daher dem elterlichen Besuch des Bachelorballs nichts im Wege stehen wird. Die APR wurde nicht geschlossen, da durch die strengeren Stornierungsregelungen der Wash Factor niedriger bleibt und sich der Check Out Vorgang durch die Vorausbezahlung deutlich beschleunigt. Daher wurde die BAR so weit angehoben, dass die APR der gewünschten Rate entspricht. Die BAR wird dadurch so selten gebucht, da hier keine weitere Restriktion gesetzt wurde. Da die APR so stark gebucht wird, gehen die Freunde davon aus, dass sie die Zimmer auch alle über den direkten Buchungsweg verkaufen können. Allerdings erhalten sie über GDS und OTAs manchmal mehrtägige Buchungen, welche sie über den direkten Buchungsweg nicht erhalten hätten. Wenn nun die Verfügbarkeit von Montag bis Sonntag der APR Rate über ein GDS abgefragt wird, und die APR wäre auf diesen Kanälen geschlossen, so würde keine Verfügbarkeit angezeigt und das Hotel Pfiffikus würde ggf. eine sehr lukrative Buchung verlieren. Also wurde die APR über diese Buchungskanäle lediglich für die Anreise geschlossen, so dass Gäste welche schon im Haus sind zwar auch am Samstag übernachten können, Gäste welche erst am Samstag anreisen jedoch direkt buchen müssten um Verfügbarkeit zu erhalten. Wann und inwiefern solche Restriktionen Sinn machen, hängt stark vom Gästekreis des Hotels ab. Wenn Gäste nur im Ausnahmefall länger als eine Nacht bleiben, kommen sämtliche Restriktionen bezüglich der Aufenthaltsdauer (auch CTA und CTD) einer Schließung gleich und können vernachlässigt werden. Erhält ein Hotel immer wieder mehrtägige Buchungen über Wholesaler oder Tour Operator, so sollten diese Kanäle nie geschlossen werden, um wegen eines einzelnen gut gebuchten Tages keine mehrtägige Buchung zu verlieren. Hier wäre dann ein entsprechender Mindestaufenthalt zu setzen, um aus den Buchungsanfragen jene herauszufiltern, welche am lukrativsten für das Hotel sind. Ähnlich wie es Sinn machen kann, nie alle Zimmerkategorien zu schließen, sondern selbst bei ausgebuchtem Haus immer ein sehr teures Zimmer buchbar zu lassen, kann eine ähnliche Strategie für Kanäle und Raten gelten. Dynamische Raten, welche sich durch einen Abschlag von der BAR errechnen, können durch Erhöhung der BAR so steigen, dass sich Buchungen trotz des Abschlags lohnen. Analog können – wie oben beschrieben – Buchungskanäle sehr stark restriktiert werden, anstatt sie zu schließen.

So könnte es auch sinnvoll sein, das Paket inklusive Abendessen buchbar zu lassen. Da es als fixe Rate nicht einfach erhöht werden kann, könnte hier ein Mindestaufenthalt von fünf oder sechs Nächten gesetzt werden. Wenn dann eine Buchung getätigt wird, wäre diese für den sonst sehr ratenstarken Samstag natürlich immer noch günstig und würde die Durchschnittsrate senken, aufgrund des hohen Umsatzes dieser Buchung wäre das jedoch vermutlich zu verkraften. Ab welchem Mindestaufenthalt dies der Fall ist, lässt sich recht einfach kalkulieren. In Tabelle 3.4 sind die Raten der jeweiligen Wochentage in der Woche vor dem Bachelorball aufgeführt. Die APR berechnet sich immer mit einem Abschlag von 20 % auf die BAR, das Paket kostet statisch 75,00 €, wobei hier mit 35,00 € für die Übernachtung kalkuliert wird, 12,00 € für das Frühstück und 28,00 € für das Abendessen.

Tab. 3.4: Ratenkalender nach Wochentag.

	Montag	Dienstag	Mittwoch	Donnerstag	Freitag	Samstag
BAR	65,00 €	70,00 €	80,00 €	70,00 €	65,00 €	120,00 €
APR	52,00 €	56,00 €	64,00 €	56,00 €	52,00 €	96,00 €
Paket	75,00 €	75,00 €	75,00 €	75,00 €	75,00 €	75,00 €

Die Freunde gehen davon aus, dass die Nachfrage am Mittwoch und am Samstag so stark ist, dass sie hier das Paket nicht verkaufen müssten, sondern alle Zimmer zur BAR bzw. APR verkaufen können. Der Verkauf eines Pakets an beiden Tagen bringt nur 2 × 35,00 € = 70,00 € Logisumsatz. Wenn die dadurch belegten Zimmer jeweils zur APR verkauft werden würden, so läge der Umsatz bei 64,00 € + 96,00 € = 160,00 €. Der Verkauf des Pakets würde in diesen beiden Nächten also Logisumsatz von 90,00 € verdrängen. Man spricht hier auch von displacement Summe. An allen anderen Tagen bringt der Verkauf des Pakets zusätzlichen Umsatz, da das Hotel hier ansonsten vermutlich nicht voll ausgebucht sein wird. Pro Tag wird hier durch Verkauf des Pakets also 35,00 € zusätzlicher Logisumsatz generiert. Drei Nächte Zusatz-Logisumsatz (3 × 35,00 € = 105,00 €) würde also den verdrängten Umsatz am Mittwoch und Samstag in Höhe von 90,00 € überkompensieren. Ein Gast, welcher das Paket bucht, müsste also ab Dienstag übernachten, damit sich der Aufenthalt für das Hotel Pfiffikus lohnt, obwohl er an den stark gebuchten Tagen eine günstige Rate bezahlt. Diese Kalkulation bezieht sich rein auf den Logisumsatz. Noch genauer wird sie, wenn der F&B-Umsatz des Paketes gegen den regulär erwarteten F&B-Umsatz gegengerechnet werden kann.

Der Verkauf des Paketes hat jedoch auch Auswirkungen auf andere Kennzahlen. Wenn am Samstag alle 50 Zimmer des Hotels Pfiffikus zur APR verkauft werden, so beträgt die Durchschnittsrate 89,72 € (APR abzüglich 7 % Steuer). Wenn nun nur 49 Zimmer zur APR verkauft werden und ein Zimmer zur Paketrate (Netto-Logisanteil 32,71 €) so sinkt die Durchschnittsrate an diesem Tag auf 88,58 €. Andererseits würde am Donnerstag, an dem regulär nur 27 Zimmer verkauft werden, durch den Verkauf eines einzelnen Zimmers zur Paketrate der RevPAR von 28,26 € auf 28,92 € steigen. Ein Mindestaufenthalt anstatt der Schließung einer Rate oder eines Buchungskanals kann somit zu deutlichem Mehrumsatz führen. Ob sich die erhöhte Komplexität durch die verschiedenen Dimensionen an Restriktionen lohnt, muss im Einzelfall entschieden werden.

3.5 Steuerung nach Segmenten

„Wenn ich mir die Durchschnittsraten so ansehe", meint Salim bei einer weiteren Besprechung im Hotel Pfiffikus: „dann sollten wir vielleicht keine Gruppen mehr annehmen. Die Individualsegmente machen doch viel mehr Rate und damit Umsatz." „Nicht ganz", erwidert Katrin: „die Gruppen bekommen zwar günstigere Raten, sie buchen ja aber auch mehr Zimmer. Und der Umsatz wird ja von beidem beeinflusst, Menge und Preis." „Trotzdem", Salim lässt nicht locker: „beide Gruppensegmente machen ja nur 11 % der Übernachtungen aus, das ist wesentlich weniger als CCO. Wir sollten uns auf die wichtigen Segmente konzentrieren, damit können wir Geld machen!" Nun schaltet sich auch Miriam in die Diskussion ein: „Auch auf 11 % der Übernachtungen können wir nicht einfach so verzichten, wir sollten also auf keinen Fall die Gruppen einfach rauswerfen. Gleichzeitig hat Salim recht, wir sollten darauf achten, dass wir sie nur an Tagen akzeptieren, an denen sie keine Kapazitäten von den Individualsegmenten wegnehmen." „Das ist ja easy." meint Salim: „Wir schauen einfach wie viele Individualbuchungen wir für einen Tag bekommen. Wenn wir dann noch Zimmer frei haben, nehmen wir da eine Gruppe rein. Wenn nicht, dann halt nicht." „Naja, so funktioniert das auch nicht ganz." wirft Katrin ein: „Gruppen haben eine wesentlich längere Leadtime als Individualbuchungen. In dem Moment, in dem wir Gruppenanfragen für einen bestimmten Tag bekommen, haben wir noch fast keine Individualbuchungen in den Büchern."

Das Dilemma, welches die Freunde hier diskutieren, ist nicht unüblich. Um den Umsatz zu maximieren, sollten natürlich möglichst viele Buchungen zu hohen Raten angenommen werden – in diesem Fall also CCO, CIN und an dritter Stelle LIN. Nur wenn von diesen Kundengruppen nicht ausreichend Buchungen erfolgen um das Hotel zu füllen, macht es Sinn, Buchungen zu niedrigeren Raten zu akzeptieren. Nun erfolgen viele hochpreisige Buchungen jedoch erst kurzfristig, während Gruppen und andere Segmente mit tendenziell niedrigen Raten eher langfristig angefragt werden. Hierzu zählen beispielsweise auch Kontingente für Tour Operator und Wholesaler. Es muss also prognostiziert werden, wie viele Buchungen der hochpreisigen Segmente pro Tag erfolgen, um dann zu kalkulieren, wie viele Zimmer wahrscheinlich frei bleiben und daher zu niedrigeren Raten verkauft werden können. Um diese Prognose zu erstellen, werten die Freunde im Hotel Pfiffikus Daten der Vergangenheit aus. Anhand der Belegungen der letzten Monate bilden sie Durchschnittswerte, wie viele Zimmer an welchem Tag in welchem Segment gebucht wurden. So können sie für jeden Wochentag eine ungefähre Prognose für den Businessmix erstellen, also die Zusammensetzung der Buchungen je Segment vorhersagen.

Durch Abbildung 3.7 wird deutlich, dass in einer Woche, in welcher in jedem Segment gemäß dem Durchschnitt gebucht wird, am Mittwoch und am Samstag mehr Nachfrage entsteht als das Hotel Pfiffikus mit seinen 50 Zimmern bedienen kann. Wenn an diesen Tagen nicht aktiv gegengesteuert wird, so buchen ggf. Segmente mit einer langen Leadtime Zimmer, welche kurzfristig noch zu einer viel höheren Rate hätten verkauft werden können.

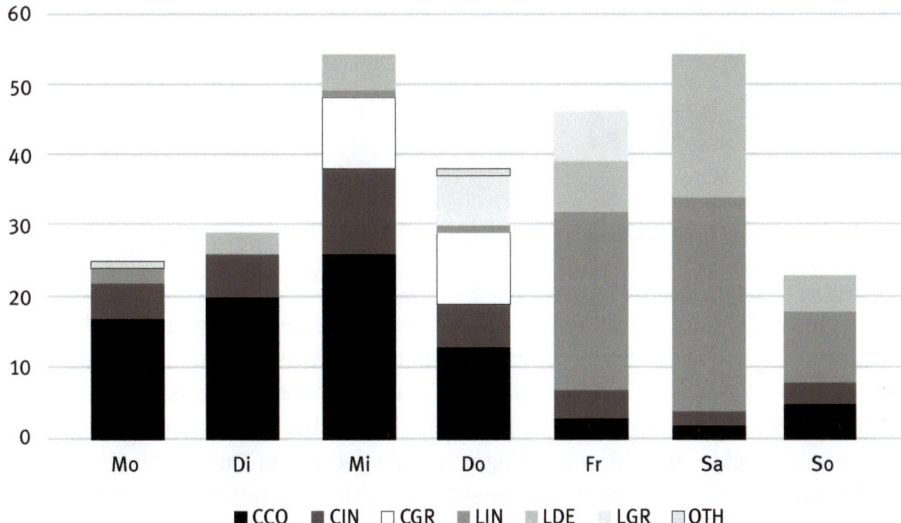

In Abbildung 3.8 zeigt die linke Abbildung die Buchungen je Segment an einem Mittwoch, nach ihrer Leadtime. Zunächst kommen langfristige LDE Buchungen. Diese kommen oft aus visapflichtigen Ländern bzw. werden größere Rundreisen geplant, bei welchen die Übernachtungen an den einzelnen Stationen lang im Voraus gebucht werden. Es folgen CGR Buchungen, also Buchungen von Gruppen welche geschäftlich unterwegs sind. Da hier eine Vielzahl von geschäftlichen Terminen aufeinander abgestimmt werden müssen, erfolgen Planungen und Buchungen hier oftmals auch langfristig. Mit einer zumeist deutlich kürzeren Leadtime folgen die individuellen Buchungen. Tendenziell erfolgen leisure Buchungen langfristiger als Geschäftsbuchungen. Die vier Firmen, welche die meisten Übernachtungen im Hotel Pfiffikus buchen, tun dies meist kurzfristiger als die übrigen Firmen, welche nur vereinzelte Übernachtungen buchen. Das mag daran liegen, dass die vielbuchenden Firmen häufiger geschäftlichen Besuch empfangen und durch diese Routine keine lange Vorlaufzeit benötigen, sondern Reisen auch kurzfristig realisieren. Die gestrichelte Linie zeigt die Vollbelegung des Hotels Pfiffikus. Im linken Beispiel, wenn alle Segmente unrestriktiert buchen, kämen die letzten Anfragen, welche nicht mehr angenommen werden könnten, aufgrund der Leadtime aus dem Segment CCO. Wirtschaftlich ist das sinnfrei, da CCO die höchsten Durchschnittsraten hat und das Hotel Pfiffikus mit diesen Buchungen das meiste Geld verdient. Durch die Firmenverträge, welche bald gültig werden, sinkt vermutlich die CCO Durchschnittsrate, dafür werden die Raten in CIN und LIN entsprechend steigen.

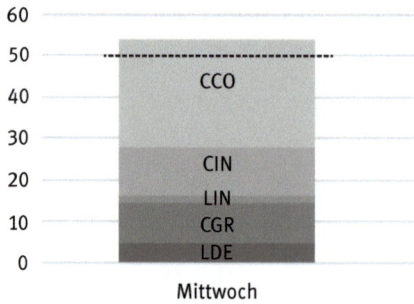
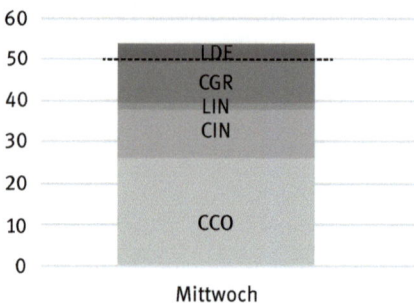

Abb. 3.8: Segmente nach Leadtime und nach Rate.

Die rechte Abbildung zeigt die wirtschaftlich sinnvolle Reihenfolge der Buchungen. Aufgrund der höchsten Durchschnittsrate, sollten zunächst die Buchungen des Segments CCO akzeptiert werden. Daraufhin, aufgrund der ebenfalls hohen Durchschnittsraten, die Segmente CIN und LIN. Zuletzt würden Buchungen der Segmente CGR und LDE akzeptiert, da diese Segmente die geringsten Durchschnittsraten bezahlen und somit wirtschaftlich am wenigsten ins Gewicht fallen. Demnach würden ausschließlich Buchungen aus dem Segment LDE abgelehnt werden.

„Also", fasst Katrin zusammen: „wenn ich das richtig verstanden habe, müssen wir zum Beispiel mittwochs immer Zimmer für CCO, CIN und LIN freihalten. Das wären dann im Schnitt 26 plus 12 plus 1 also 39 Zimmer. Wir können also noch 11 Zimmer frei verkaufen, an CGR oder LDE. Wenn wir von diesen Segmenten eine Anfrage bekommen, die für zum Beispiel 15 Zimmer an einem Mittwoch einfach so abzulehnen. Das macht zwar von den Belegungszahlen her Sinn, aber könnten wir nicht mit einer besseren Basisbelegung auch besser yielden und dadurch die Rate auch von CCO und CIN steigern? Oder die Gruppen halt zu einer höheren Rate anbieten?"

Tab. 3.5: Belegung, Rate und Revenue nach Segment.

	CCO	CIN	CGR	LIN	LDE	Summe
Anfragen						
Belegung	26	12	10	1	5	54
Rate	58,00 €	54,00 €	45,00 €	53,00 €	37,00 €	52,67 €
Revenue	1.508 €	648 €	450 €	53 €	185 €	2.844 €
Buchungen						
Belegung	26	12	10	1	1	50
Rate	58,00 €	54,00 €	45,00 €	53,00 €	37,00 €	53,92 €
Revenue	1.508 €	648 €	450 €	53 €	37 €	2.696 €

Tab. 3.6: Gesamtumsatz bei Buchungsannahme nach Leadtime.

Leadtime	CCO	CIN	CGR	LIN	LDE	Summe
Belegung	22	12	10	1	5	50
Rate	58,00 €	54,00 €	45,00 €	53,00 €	37,00 €	52,24€
Revenue	1.276 €	648 €	450 €	53 €	185 €	2.612 €

Tabelle 3.5 zeigt, wie viele Zimmer im Schnitt je Segment für einen Mittwoch ange-fragt werden und welche Durchschnittsrate pro Segment bezahlt wird. Da die Freunde die Werte aus der Vergangenheit betrachten, liegt die CCO Durchschnitts-rate bei 58,00 €. Wie schon in den vorherigen Ausführungen gezeigt, erhält das Hotel Pfiffikus an einem Mittwoch mehr Nachfrage als es mit seinem Angebot von 50 Zimmern bedienen kann. Die Anfragen summieren sich im Schnitt auf 54 Zim-mer und 2.844 €. Nach der wirtschaftlichen Logik werden jene Buchungen mit der geringsten Durchschnittsrate verdrängt, also die LDE Buchungen zu 37,00 €. Ge-bucht werden demnach 50 Zimmer, der Logisumsatz beträgt in diesem Fall 2.696 €.

Wenn nun die Zimmer gemäß den Anfragen angenommen werden, also zu-nächst LDE, dann CGR, LIN, CIN und zum Schluss CCO und demnach anstatt vier LDE Buchungen zu 37,00 € vier CCO Buchungen zu 58,00 € verdrängt werden wür-den, läge der Gesamtumsatz bei 2.612 €, also 84,00 € unter dem möglichen Gesamt-umsatz.

Nun könnte die frühzeitig höhere Belegung, wie von Miriam vorgeschlagen, dazu genutzt werden, um die CCO Rate zu yielden.[1] Das bedeutet, dass das Hotel Pfiffikus im Segment CCO mehr Anfragen erwartet als es anbieten kann. Daher kann es die Raten erhöhen auch wenn dadurch weniger Buchungen generiert wer-den. Durch die Annahme von LDE anstatt CCO Buchungen ist eine Differenz von 84,00 € zwischen tatsächlichen Einnahmen (bei gleichbleibenden Durchschnittsra-ten) und den möglichen Einnahmen entstanden. Diese 84,00 € sind demnach ein kalkulatorischer Verlust. Kalkulatorisch deswegen, da der Verlust dem Hotel Pfiffi-kus ja nicht tatsächlich entstanden ist, man in der Kalkulation jedoch von einem Verlust ausgeht. Um diesen zu kompensieren, müsste die Durchschnittsrate der 22 CCO Buchungen so erhöht werden, dass die Umsatzsteigerung den 84,00 € ent-spricht. Dafür müsste die Durchschnittsrate des Segmentes CCO von 58,00 € auf 61,82 € steigen. Da bei den Raten stets von Nettowerten ausgegangen wird, müsste jedes einzelne der 22 Zimmer im Segment CCO für 66,15 € anstatt für 62,06 € ver-kauft werden. Die daraus folgende Aufteilung der Segmente mit den jeweiligen Durchschnittsraten zeigt obenstehende Tabelle.

---

[1] Die Betrachtung bezieht sich auf die Vergangenheit, ohne Firmenraten. Sollte das Segment CCO aus fixen Vertragsraten bestehen, so muss sich das Yield Management auf die Segmente CIN und LIN beziehen. Alle folgenden Kalkulationen und Überlegungen können auch für diese Segmente durchgeführt werden.

Tab. 3.7: Kompensierung des Ratenverlustes durch Yielding der CCO Rate.

CCO Yield.	CCO	CIN	CGR	LIN	LDE	Summe
Belegung	22	12	10	1	5	50
Rate	61,82 €	54,00 €	45,00 €	53,00 €	37,00 €	53,92€
Revenue	1.360 €	648 €	450 €	53 €	185 €	2.696 €

Nun ist die Anzahl fünf für die LDE-Zimmer ja lediglich der über mehrere Wochen gezogene Durchschnitt. Es kann also durchaus sein, dass Anfragen über mehr als diese fünf Zimmer an das Hotel Pfiffikus gestellt werden. Es ist daher sinnvoll zu wissen, wie stark die CCO Rate steigen müsste, wenn sie die niedrigere Durchschnittsrate der LDE Buchungen kompensieren soll. Die Überlegung, wie viel Umsatz bei steigenden LDE Buchungen in CCO mehr generiert werden müsste ist in Abbildung 3.9 dargestellt.

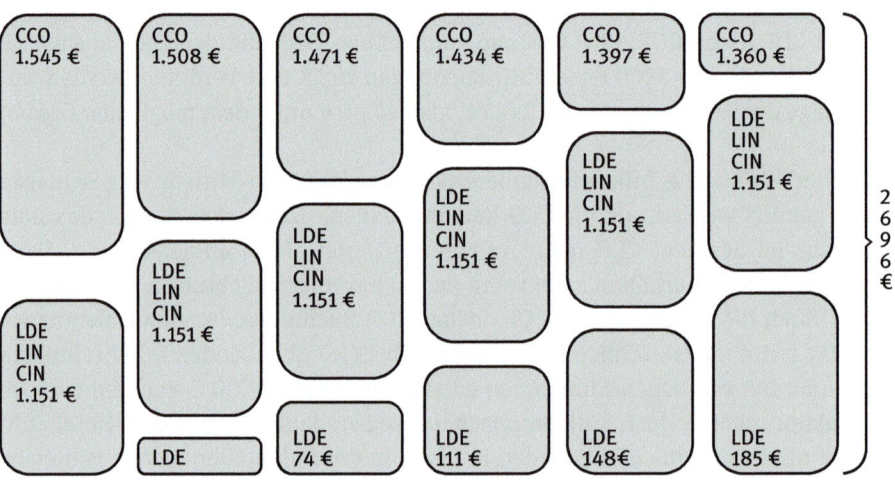

Abb. 3.9: Umsatzverteilung je Segment bei steigenden LDE Buchungen.

Wenn davon ausgegangen wird, dass die Segmente LIN, CGR und CIN in Buchungen und Durchschnittsrate stabil bleiben, so sinkt der zu generierende CCO Umsatz jeweils in dem Maße, in dem der LDE Umsatz zunimmt. Mit jeder zusätzlichen LDE Buchung zu der gleichbleibenden Durchschnittsrate steigt der LDE Umsatz um eben diese Durchschnittsrate von 37,00 €. Der durch CCO zu generierende Umsatz sinkt daher mit jeder LDE Buchung um 37,00 €. In Abhängigkeit von der Anzahl an LDE Buchungen lässt sich der notwendige CCO Umsatz also wie folgt ausdrücken:

Notwendiger Umsatz CCO = 2.696 € – 1.151 € – (Anzahl LDE Buchungen × 37 €)

oder

Notwendiger Umsatz CCO = 1.545 € – (Anzahl LDE Buchungen × 37 €)

Mit jeder LDE Buchung sinkt nicht nur der CCO Umsatz, auch die Anzahl der möglichen CCO Buchungen reduziert sich jeweils um eins. Schließlich darf die Gesamtanzahl an Buchungen ja 50 nicht überschreiten. Die Durchschnittsrate der CCO Buchungen liegt ausgehend von 26 Buchungen bei 58,00 €. Mit jeder LDE Buchung sinkt nun der notwendige Umsatz um 37,00 €, allerdings wird davon auch eine Buchung im Wert von 58,00 € unmöglich. Bei einer LDE Buchung liegt der CCO Umsatz bei 1.508 €, das entspricht 26 Buchungen zu 58,00 €. Kommt nun eine LDE Buchung zu 37,00 € hinzu, so reduziert sich der Umsatz welcher durch CCO abgedeckt werden soll um 37,00 € auf 1.471 €. Allerdings muss dieser Umsatz jetzt mit nur noch 25 Buchungen generiert werden. Da die verlorene CCO Buchung höher bewertet war als die neu hinzugewonnene LDE Buchung (58,00 € > 37,00 €), steigt die CCO Durchschnittsrate. In diesem Fall auf 58,84 €, das entspricht 1.471 € geteilt durch 25 noch mögliche CCO Buchungen. Die Anzahl der möglichen CCO Buchungen lässt sich also in Abhängigkeit der LDE Buchungen wie folgt ausdrücken, davon ausgehend dass die Buchungen der anderen Segmente konstant bleiben.

Die CCO Durchschnittsrate entspricht dem CCO Umsatz geteilt durch die CCO Buchungen. In Abhängigkeit der LDE Buchungen ausgedrückt ergibt sich damit folgende Formel:

Mögliche CCO Buchungen = 26 – Anzahl LDE Buchungen

CCO Durchschnittsrate = (1.545 € – (Anzahl LDE Buchungen × 37)) /
(26 – Anzahl LDE Buchungen)

Für jede beliebige Anzahl an LDE-Buchungen lässt sich somit jene CCO Durchschnittsrate errechnen, welche notwendig ist, um den möglichen Gesamtumsatz zu erzielen. Die dadurch entstehende Steigerung der CCO Rate in Abhängigkeit von der Anzahl der LDE Buchungen lässt sich als Kurve ausdrücken (vgl. Abb. 3.10).

Es wird deutlich, dass der Wert der CCO Rate mit zunehmender Anzahl an LDE-Buchungen exponentiell steigt – bei 20 LDE Buchungen hat er sich nahezu verdoppelt. Ob eine solche Rate realistischerweise durchsetzbar ist, ist fragwürdig. Die Möglichkeit, einen hohen LDE Buchungsstand zum Yielding von CCO Raten zu nutzen, ist also auf eine geringe Anzahl an LDE Buchungen begrenzt. Die zweite Möglichkeit, welche Miriam vorgeschlagen hat, wäre die Verkaufsrate der geringer bepreisten Segmente zu erhöhen. Da LDE meist fest verhandelte Vertragsraten hat, würde ein solches Vorgehen eher bei den Gruppensegmenten Sinn machen. Hier werden die Raten individuell je Gruppe ausverhandelt, so dass bei jeder Anfrage neu über die Rate, die angeboten werden soll, entschieden werden kann.

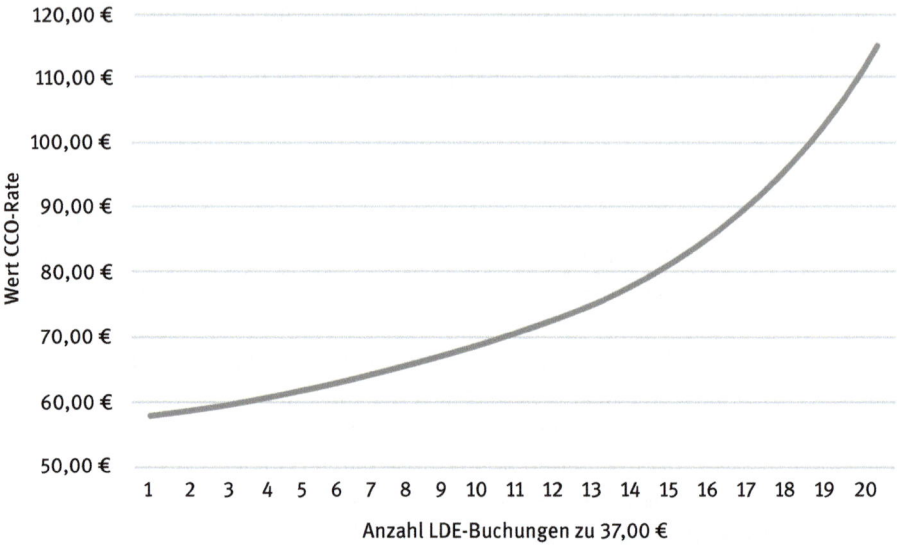

Abb. 3.10: CCO Durchschnittsrate in Abhängigkeit von LDE Buchungen.

Bei der Durchschnittsbildung kam heraus, dass im Segment CGR an einem Mittwoch im Schnitt zehn Zimmer zu einer Durchschnittsrate von 45,00 € gebucht werden. Insgesamt übersteigt die Summe der durchschnittlichen Nachfrage aller Segmente an einem Mittwoch die Kapazität des Hotels Pfiffikus um vier Zimmer. Diese wurden bisher aufgrund der geringen Durchschnittsrate im Segment LDE verdrängt. Wenn nun im Segment CGR anstatt der durchschnittlichen zehn Zimmer an einem Mittwoch 15 Zimmer angefragt werden, so können diese nicht komplett durch Verdrängung des LDE Segmentes kompensiert werden. Wenn, wie im vorherigen Beispiel, davon ausgegangen wird, dass bei einer höheren Anfrage der langfristig buchenden Segmente die kurzfristig buchenden Segmente verdrängt werden, so würden mehr CGR Zimmer zu weniger CCO Zimmern führen.

Tab. 3.8: Verdrängung von CCO Buchungen durch mehr CGR Zimmer.

CGR statt CCO	CCO	CIN	CGR	LIN	LDE	Summe
Belegung	21	12	15	1	1	50
Rate	58,00 €	54,00 €	45,00 €	53,00 €	37,00 €	52,62€
Revenue	1.218 €	648 €	675 €	53 €	37 €	2.631 €

Wenn nun die 15 angefragten Zimmer im Segment CGR angenommen werden, so werden diese fünf zusätzlichen Zimmer im Segment CCO verdrängt (vgl. Tab. 3.8). Wenn davon ausgegangen wird, dass die Durchschnittsrate in beiden Segmenten konstant bleibt, so führt dieser veränderte Businessmix zu einem kalkulatorischen Umsatzverlust von 65,00 €. Soll dieser nun durch eine höhere Rate im Segment CGR kompensiert werden, so muss der Umsatz in diesem Segment um 65,00 € gesteigert werden, also von 675,00 € auf 740,00 € (vgl. Tab. 3.9).

Tab. 3.9: Kompensation des Ratenverlustes durch Yielding der CGR Rate.

CGR statt CCO	CCO	CIN	CGR	LIN	LDE	Summe
Belegung	21	12	15	1	1	50
Rate	58,00 €	54,00 €	49,33 €	53,00 €	37,00 €	53,92€
Revenue	1.218 €	648 €	740 €	53 €	37 €	2.696 €

Die CGR Rate müsste von 45,00 € netto auf 49,33 € netto steigen. Das würde bedeuten, dass der Verkaufspreis von 48,15 € brutto auf 52,79 € brutto steigen müsste. Auch hier lässt sich der Umsatz, welcher im Segment CGR erzielt werden muss, um den kalkulatorischen Verlust zu kompensieren, als Formel in Abhängigkeit der Zimmeranzahl ausdrücken. Da hier die Steigerung der Zimmeranzahl und die Steigerung des Umsatzes im selben Segment stattfinden, macht es Sinn, zunächst nur die steigende Zimmeranzahl zu betrachten (vgl. Abb. 3.11).

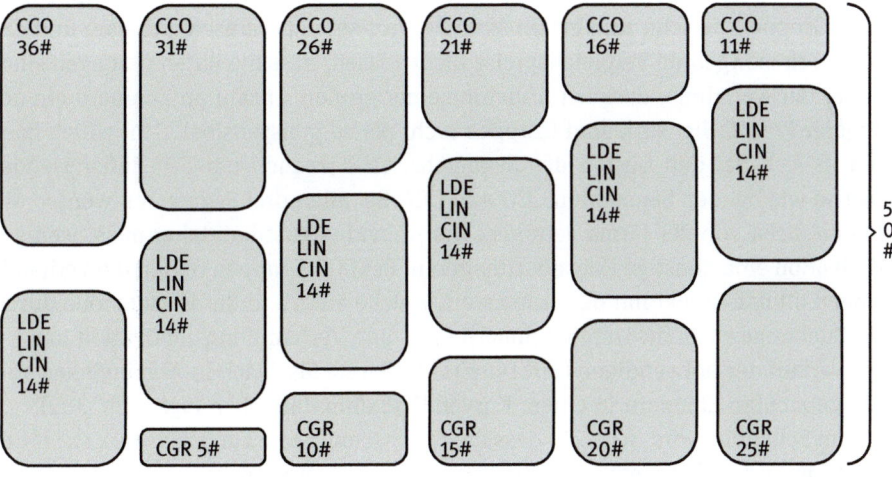

Abb. 3.11: Verteilung der Zimmer nach Segment bei steigender CGR Zimmeranzahl.

Da davon ausgegangen wird, dass in den Segmenten LDE, LIN und CIN sowohl Zimmeranzahl als auch Rate konstant bleiben, kann hier konstant von einem Umsatz von 738 € ausgegangen werden. Im Segment CCO werden zwar Zimmer durch mehr CGR Buchungen verdrängt, die Durchschnittsrate bleibt mit 58,00 € jedoch auch konstant. Demnach lässt sich die CGR Durchschnittsrate in Abhängigkeit von den in diesem Segment gebuchten Zimmern wie folgt ausdrücken:

$$\text{CGR Durchschnittsrate} = (2.696 \text{ €} - 738 \text{ €} - ((36 - \text{Anzahl CGR Zimmer}) \times 58,00 \text{ €}) / \text{Anzahl CGR Zimmer}$$

oder

$$\text{CGR Durchschnittsrate} = 1.958 \text{ €} - ((36 - \text{Anzahl CGR Zimmer}) \times 58,00 \text{ €}) / \text{Anzahl CGR Zimmer}$$

Die Ratensteigerung bei einer höheren Abnahme von Zimmern ist Gästen oftmals schlecht zu vermitteln. Da bei Industrieproduktionen mit zunehmender Output-Menge der Stückpreis meistens sinkt, werden im Handel bei Abnahme größerer Mengen üblicherweise Rabatte gewährt. Anders als bei der Produktion von Gütern kann die Anzahl von Hotelzimmern jedoch nicht beliebig gesteigert werden. Im Hotel Pfiffikus stehen nur 50 Zimmer zur Verfügung, es handelt sich also um ein knappes Gut. Je größer der gewünschte Anteil an diesem knappen Gut ist, desto größer der Verdrängungseffekt und umso höher die benötigte Rate zur Kompensation dieses Effektes. Diese Logik ist für viele Endverbraucher nicht nachvollziehbar, was zu Diskussionen führen kann, wenn bei Erhöhung der Anfrage der Preis steigt. Ebenfalls schwierig ist das Durchsetzen von Preisen, wenn ein Kunde häufiger Gruppenanfragen platziert, und diese z. B. aufgrund von unterschiedlichen Wochentagen unterschiedlich bepreist werden. Auf der anderen Seite gibt es jedoch auch Gruppen, welche zum ersten Mal oder nur sehr sporadisch anfragen und daher durch mangelnde Vergleichspreise nicht wissen, dass die Raten gestiegen sind. Außer der Annahme, dass bei Abnahme einer großen Anzahl an Zimmern ein geringerer Preis fällig wird, sind Gruppen nicht per se preissensibel. Schließlich handelt es sich bei den Gästen des Segmentes CGR ja auch um Geschäftsreisende, ebenso wie bei den Segmenten CCO und CIN. Bei allen drei Segmenten werden die Kosten meist von der Firma getragen. Der Individualgast hat daher meist weniger Motivation eine günstige Rate auszuhandeln. Bei CGR Gruppen finden die Verhandlungen oftmals direkt mit der Firma statt, welche aufgrund der Umsatzhöhe durch die Buchungen von mehreren Zimmern eher eine Verhandlungsmotivation hat.
Der Verlauf der notwendigen CGR Durchschnittsrate lässt sich in Abhängigkeit von den gebuchten Zimmern in einem Kurvendiagramm darstellen (vgl. Abb. 3.12).

Im Schaubild wird deutlich, dass die Durchschnittsrate zunächst stark steigt um dann am Ende wieder etwas abzusinken. Das liegt daran, dass die Anzahl an CGR und CCO Zimmern durchschnittlich nur 36 Zimmer ausmacht. Bei einer höheren Anzahl an CGR Buchungen würden auch CIN Buchungen verdrängt, welche eine etwas geringere Durchschnittsrate als CCO haben. Würden alle 50 Zimmer des Hauses von

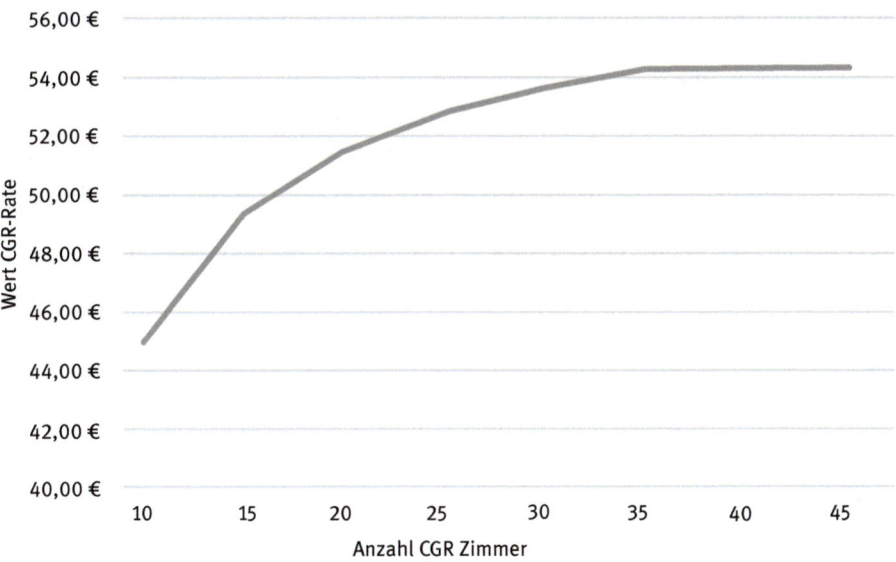

Abb. 3.12: CGR Durchschnittsrate in Abhängigkeit von den gebuchten Zimmern.

einer Gruppe belegt, so müsste die CGR Durchschnittsrate bei 53,92 € liegen, der Durchschnittsrate des Hauses an einem durchschnittlich belegten Mittwoch.

Es wurden nun zwei Möglichkeiten dargestellt, um eine Änderung des Business-mixes monetär zu kompensieren: entweder indem die Belegung mit günstigeren Raten dazu genutzt wird, die Rate von kurzfristigen Buchungen noch weiter zu stärken oder indem die Rate der tendenziell günstigeren Segmente so angepasst wird, dass sie die Verdrängung von hochpreisigeren Buchungen kompensiert. Im ersten Beispiel wurde deutlich, dass zwar einige Buchungen durch eine Ratensteigerung z.B. im CCO Segment abgefangen werden können, dies jedoch nicht für beliebig viele Buchungen durchführbar ist. Die starke Steigerung der notwendigen Durchschnittsrate liegt daran, dass die Anzahl an zu verkaufenden Zimmern deutlich stärker sinkt als der notwendige Umsatz, welcher durch den Verkauf dieser Zimmer zu erzielen ist. Im zweiten Beispiel ist das Verhältnis etwas ausgewogener, auch weil die zu ersetzende Rate mit zunehmender Zimmeranzahl sinkt. Wenn also alle CCO Zimmer zu 58,00 € Durchschnittsrate verdrängt sind und der Umsatz kompensiert ist, müssen ‚nur' noch die CIN Zimmer zu 54,00 € Durchschnittsrate kompensiert werden. Aufgrund dieses gegenläufigen Verlaufes von beiden Kompensationsbeispielen stellt sich die Frage, ob es nicht Sinn macht, beide Verfahren miteinander zu kombinieren, so dass zunächst Buchungen durch eine Steigerung der CCO Rate kompensiert werden, ab einem bestimmten Niveau dann durch Erhöhung der eigenen Rate. Bei welcher Rate die Kompensationsstrategie geändert wird, entscheidet die Verkaufsrate im CCO Segment. Im Hotel Pfiffikus gehen die Freunde davon aus, dass sie an einem

üblichen Mittwoch die Zimmer im CCO Segment zu maximal 70,00 € brutto verkaufen können, das würde netto einer Rate von 65,42 € entsprechen.

Um eine durchgängige Erhöhung in einem Segment darzustellen, wird das erste Rechenbeispiel welches mit der Erhöhung von LDE Zimmern berechnet wurde,
nun für die Erhöhung von CGR Zimmern durchgeführt. Die Kalkulation erfolgt analog zum LDE Beispiel, in diesem Fall bleiben LDE, LIN und CIN in Rate und Zimmeranzahl konstant, während die CGR Zimmeranzahl steigt, die Rate jedoch konstant bei 45,00 € bleibt. Im Segment CCO sinkt nun die Zimmeranzahl mit jedem
hinzugebuchten CGR Zimmer, gleichzeitig steigt die Rate um den notwendigen Umsatz zu erzielen. Die Rate im CCO steigt nicht ganz so stark wie im LDE Beispiel,
da die Differenz zwischen CCO und CGR Rate geringer ist als jene zwischen CCO
und LDE Rate. Bei 20 CGR Zimmern müsste die CCO Durchschnittsrate bei netto
66,13 € liegen, was einem Verkaufspreis von 70,76 € entspricht. Bei einer Gruppen-
anfrage bis zu 20 Zimmern könnte somit die Durchschnittsrate für die Gruppenzim-
mer konstant bei 45,00 € gehalten werden und der kalkulatorische Verlust durch
die Erhöhung der CCO Rate kompensiert werden. Bei einer Anfrage über 20 Zimmer
würde die CCO Rate konstant bei 58,00 € bleiben und die Kompensation über die
Erhöhung der Gruppenrate erfolgen. Hierbei ist jedoch stets der angefragte Tag
individuell zu beobachten, ob eine entsprechende Erhöhung der CCO Rate auf
70,76 € durchsetzbar ist. Zudem ist die individuelle Anfrage zu betrachten, welcher
Preis hier realistisch ist. Es ist zudem natürlich auch möglich, beide Strategien
miteinander zu kombinieren. Also beide Raten leicht erhöhen und somit die Kompensation zwischen den Segmenten – zu beliebigen Teilen – aufteilen.

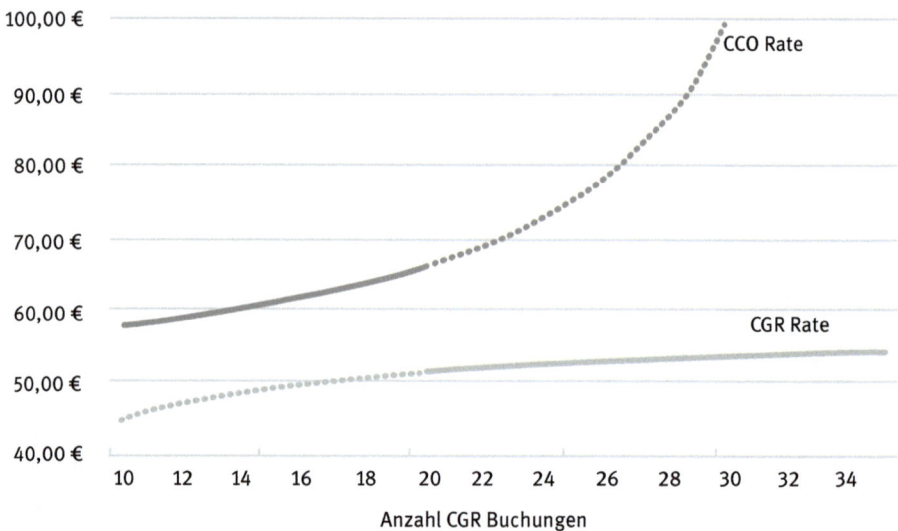

Abb. 3.13: Entwicklung CGR und CCO Rate in jeweiliger Abhängigkeit von der Anzahl
an CGR Zimmern.

Abbildung 3.13 zeigt die Entwicklung der CGR und der CCO Rate, wenn die Kompensation für eine steigende Anzahl an CGR Zimmern jeweils durch die Rate von nur einem Segment getragen wird. Am Startpunkt, bei zehn CGR Zimmern, weisen beide Segmente ihre übliche Durchschnittsrate von 58,00 € im CCO Segment und 45,00 € im CGR Segment auf. Die durchgezogenen Linien zeigen die jeweils verfolgte Strategie.

4 Forecast und Budget

Nachdem die Verträge mit den Firmen und Wholesalern geschlossen sind und das Trio immer mehr Erfahrung im Yield Management bekommt, kehrt im Hotel Pfiffikus fast ein bisschen Routine ein. Miriam ist mit der Entwicklung der Umsätze sehr zufrieden. Durch das aktive Yield Management konnten sie die Profitabilität des Hauses deutlich steigern. Bei Betrachtung dieser positiven Entwicklungen kommt Katrin eine Idee: „Wenn das weiterhin so gut läuft, könnten wir nächstes Jahr ein paar Zimmer renovieren. Alles ein bisschen heller und moderner gestalten. Das wäre doch was!"
„Jetzt mal langsam", wirft Salim ein: „bevor wir gleich anfangen das Geld wieder auszugeben, sollten wir doch erstmal schauen, dass wir selbst ordentlich verdienen. Momentan bekomme ich monatlich nicht viel mehr als noch während dem Studium mit meinem Aushilfsjob." Katrin sieht das nicht ein: „Aber mit moderneren Zimmern könnten wir zukünftig noch höhere Raten verlangen und dadurch noch mehr Gewinn machen. Da lohnt es sich doch, noch etwas drauf zu warten." Miriam bremst die Diskussion der beiden: „Bevor wir entscheiden, was mit etwaigen Überschüssen nächstes Jahr passiert, sollten wir doch zunächst mal wissen, mit wie vielen Überschüssen wir rechnen können, oder? Wir sollten also mal durchrechnen, mit welchen Umsätzen wir nächstes Jahr planen können." „Ja", stimmt Katrin zu: „ein Budget wäre echt gut. Dann könnten wir auch festlegen, welche Raten wir verkaufen. Wir bekommen nämlich schon Buchungsanfragen für nächstes Jahr. Da wir aber die Raten noch nicht geladen haben, muss ich die Gäste immer wieder vertrösten." „Budget ist ja schön und gut", schaltet sich jetzt Salim ein: „aber macht ihr es nicht wieder mal ziemlich kompliziert? Warum geht Ihr davon aus, dass sich irgendwas im Vergleich zu diesem Jahr ändert? Wir können doch einfach von den Zahlen von diesem Jahr ausgehen. Oder zumindest die letzten paar Monate auf das nächste Jahr hochrechnen. Das wäre doch schneller und einfacher als ein Budget komplett von null auf zu schreiben." „Ändert sich denn wirklich nichts im nächsten Jahr?" stellt Miriam in Frage. „Wie liegen denn die Feiertage und Ferien, wann sind Messen, die uns betreffen und wann findet der Bachelorball statt? Ich finde damit sollten wir anfangen."

4.1 Demand Calendar als Grundlage

Die Ausgangsidee von Miriam, Termine, welche die Nachfrage positiv oder negativ beeinflussen in einer Übersicht darzustellen, ist eine logische Basis für jede Budgeterstellung. In dem sogenannten Demand Calendar (Nachfragekalender) werden in einem ersten Schritt all diese Termine eingetragen, um einen Überblick über das Jahr zu bekommen. Anschließend wird dann die Nachfrage in den einzelnen Zeiträumen beurteilt. So lässt sich schnell feststellen, wann mit hoher oder niedriger Nachfrage zu rechnen ist. Auf dieser Basis können dann Raten und Strategien formuliert werden, Umsätze prognostiziert und schließlich der Gewinn bzw. Verlust budgetiert werden.

https://doi.org/10.1515/9783110582260-005

Die Freunde überlegen, welche Ereignisse für das Hotel Pfiffikus wohl wichtig sind (vgl. Tab. 4.1). Die gesetzlichen Feiertage auf jeden Fall, da sie einen deutlichen Rückgang für die Nachfrage von Geschäftskunden bedeuten, dafür aber durch Brückentage und lange Wochenenden eine Chance auf mehr Freizeitgeschäft darstellen. Außerdem ist Fasching wichtig, in der Altstadt findet ein großer Faschingsumzug statt, der immer mehr Besucher anzieht. Vom Hotel Pfiffikus hat man einen idealen Blick auf den Umzug, so dass hier die Zimmer sehr nachgefragt sind. Selbst die Zimmer mit Blick zur Straße sind am Faschingswochenende beliebt, da hier der Umzug aufgebaut wird, ein Spektakel, das viele Gäste gerne beobachten. Außerdem finden im Januar und im März in der Stadt große Messen statt, während denen die Stadt so ausgebucht ist, dass auch Gäste im Hotel Pfiffikus übernachten. Nachdem diese Tage alle eingetragen und die Daten auch mit Wochentagen versehen sind, ergibt sich die Übersicht in Tabelle 4.1. Nun muss in einem nächsten Schritt die Nachfrage an den einzelnen Tagen prognostiziert werden. Da es sich nur um eine grobe erste Einschätzung handelt, reicht eine Einteilung in niedrige Nachfrage, mittlere Nachfrage und hohe Nachfrage. Zunächst werden normale Wochen, ohne besondere Ereignisse, so bewertet. Hier wird die Nachfrage vom Wochentag bestimmt. Aus den Überlegungen zu Kennzahlen und zum Yield Management wissen die Freunde inzwischen, dass Mittwoch und Samstag ihre stärksten Tage sind, hier gehen sie von einer hohen Nachfrage aus. Donnerstag und Sonntag sind die schwächsten Tage, hier wird eine niedrige Nachfrage prognostiziert. Montag, Dienstag und Freitag lagen bisher in der Belegung zwischen diesen Extremen. Die Freunde gehen davon aus, dass dies auch weiterhin so bleibt und prognostizieren für diese Tage daher eine mittlere Nachfrage. Mit dieser Einteilung als Basis gehen die Freunde nun die einzelnen Wochen durch. In der ersten Januarwoche rechnen sie mit geringer Nachfrage. Das Hotel Pfiffikus bietet keine Silvesterfeierlichkeiten an, daher ist das Hotel hier eher schlecht belegt. Am Freitag und Samstag über den Dreikönigstag, welcher für das Hotel Pfiffikus kein Feiertag ist, erholt sich die Nachfrage etwas. Hier kommen erste Wochenendurlauber, allerdings ist der Samstag noch nicht so stark gebucht wie üblicherweise. Die zweite Januarwoche ist eine recht normale Woche, allerdings erwarten die Freunde, dass Sonntag der 14. Januar aufgrund der Messe gut gebucht sein wird. Die Messe wird vermutlich auch den Montag positiv beeinflussen, am Dienstag reisen viele Gäste bereits wieder ab. Aufgrund der Messe sind reguläre Geschäftsreisen in dieser Zeit eher gering, so dass die Nachfrage für den Rest der Woche eher auf mittlerem Niveau erwartet wird. Bis Fasching wird in den Wochen dann die reguläre Nachfrage nach Wochentag erwartet. Am Mittwoch vor Fasching wird die Nachfrage geringer als an einem üblichen Mittwoch eingeschätzt, da viele Geschäftsreisende in der Faschingswoche bereits am Mittwoch wieder nach Hause fahren bzw. keine Geschäftstermine am Donnerstag wahrnehmen. Die stärksten Tage an Fasching sind Freitag und Samstag, da am Samstag und Sonntag die großen Umzüge und Veranstaltungen stattfinden. Durch Vor- und Nachübernachtungen gehen die Freunde davon aus, dass auch Donners-

Tab. 4.1: Demand Calendar Januar–Mai, erster Schritt.

Januar			Februar			März			April			Mai		
	Tag	Ereignisse		Tag	Ereignisse		Tag	Ereignisse		Tag	Ereignisse		Tag	Ereignisse
Mo	1	Feiertag	Do	1		Do	1		So	1	Ostern	Di	1	Tag d. Arbeit
Di	2		Fr	2		Fr	2		Mo	2	Ostern	Mi	2	
Mi	3		Sa	3		Sa	3		Di	3		Do	3	
Do	4		So	4		So	4		Mi	4		Fr	4	
Fr	5		Mo	5		Mo	5		Do	5		Sa	5	
Sa	6		Di	6		Di	6		Fr	6		So	6	
So	7		Mi	7		Mi	7		Sa	7		Mo	7	
Mo	8		Do	8	Fasching	Do	8		So	8		Di	8	
Di	9		Fr	9	Fasching	Fr	9		Mo	9		Mi	9	
Mi	10		Sa	10	Fasching	Sa	10		Di	10		Do	10	Himmelfahrt
Do	11		So	11	Fasching	So	11		Mi	11		Fr	11	
Fr	12		Mo	12	Fasching	Mo	12		Do	12		Sa	12	
Sa	13		Di	13	Fasching	Di	13	Messe	Fr	13		So	13	
So	14	Messe	Mi	14		Mi	14	Messe	Sa	14		Mo	14	
Mo	15	Messe	Do	15		Do	15	Messe	So	15		Di	15	
Di	16	Messe	Fr	16		Fr	16	Messe	Mo	16		Mi	16	
Mi	17	Messe	Sa	17		Sa	17		Di	17		Do	17	
Do	18	Messe	So	18		So	18		Mi	18		Fr	18	
Fr	19		Mo	19		Mo	19		Do	19		Sa	19	

Sa	20		Di	20		Di	20		Fr	20		So	20	Pfingsten
So	21		Mi	21		Mi	21		Sa	21		Mo	21	Pfingsten
Mo	22		Do	22		Do	22		So	22		Di	22	
Di	23		Fr	23		Fr	23		Mo	23		Mi	23	
Mi	24		Sa	24		Sa	24		Di	24		Do	24	
Do	25		So	25		So	25		Mi	25		Fr	25	
Fr	26		Mo	26		Mo	26		Do	26		Sa	26	
Sa	27		Di	27		Di	27		Fr	27		So	27	
So	28		Mi	28		Mi	28		Sa	28		Mo	28	
Mo	29					Do	29		So	29		Di	29	
Di	30					Fr	30	Karfreitag	Mo	30		Mi	30	
Mi	31					Sa	31	Ostern				Do	31	Fronleichnam

Tab. 4.2: Demand Calendar Januar–Mai, fertig gestellt.

Januar			Februar			März			April			Mai		
Tag	Tag	Ereignisse	Tag	Tag	Ereignisse	Tag	Tag	Ereignisse	Tag	Tag	Ereignisse	Tag	Tag	Ereignisse
Mo	1	Feiertag, LIN	Do	1	CIN	Do	1	CIN	So	1	Ostern, LIN	Di	1	Feiertag, LIN
Di	2	LIN	Fr	2	LIN	Fr	2	LIN	Mo	2	Ostern, LIN	Mi	2	CIN
Mi	3	LIN	Sa	3	LIN	Sa	3	LIN	Di	3	LIN	Do	3	CIN
Do	4	LIN	So	4	CIN	So	4	CIN	Mi	4	LIN	Fr	4	LIN
Fr	5	LIN	Mo	5	CIN	Mo	5	CIN	Do	5	LIN	Sa	5	LIN
Sa	6	LIN	Di	6	CIN	Di	6	CIN	Fr	6	LIN	So	6	CIN
So	7	CIN	Mi	7	CIN	Mi	7	CIN	Sa	7	LIN	Mo	7	CIN
Mo	8	CIN	Do	8	Fasching, LIN	Do	8	CIN	So	8	CIN	Di	8	CIN
Di	9	CIN	Fr	9	Fasching, LIN	Fr	9	LIN	Mo	9	CIN	Mi	9	LIN
Mi	10	CIN	Sa	10	Fasching, LIN	Sa	10	LIN	Di	10	CIN	Do	10	Himmelf., LIN
Do	11	CIN	So	11	Fasching, LIN	So	11	CIN	Mi	11	CIN	Fr	11	LIN
Fr	12	LIN	Mo	12	Fasching, LIN	Mo	12	CIN	Do	12	CIN	Sa	12	LIN
Sa	13	CIN	Di	13	Fasching, LIN	Di	13	Messe, CIN	Fr	13	LIN	So	13	CIN
So	14	Messe, CIN	Mi	14	CIN	Mi	14	Messe, CIN	Sa	14	LIN	Mo	14	CIN

Datum	Tag	Status	Tag	Status	Tag	Status	Tag	Status	Tag	Status
15	Mo	Messe, CIN	Do	CIN	Do	Messe, CIN	So	CIN	Di	CIN
16	Di	Messe, CIN	Fr	LIN	Fr	Messe, CIN	Mo	CIN	Mi	CIN
17	Mi	Messe, CIN	Sa	LIN	Sa	LIN	Di	CIN	Do	CIN
18	Do	Messe, CIN	So	LIN	So	CIN	Mi	CIN	Fr	LIN
19	Fr	LIN	Mo	CIN	Mo	CIN	Do	CIN	Sa	LIN
20	Sa	LIN	Di	CIN	Di	CIN	Fr	LIN	So	Pfingsten, LIN
21	So	CIN	Mi	CIN	Mi	CIN	Sa	LIN	Mo	Pfingsten, LIN
22	Mo	CIN	Do	CIN	Do	CIN	So	CIN	Di	CIN
23	Di	CIN	Fr	LIN	Fr	LIN	Mo	CIN	Mi	CIN
24	Mi	CIN	Sa	LIN	Sa	LIN	Di	CIN	Do	CIN
25	Do	CIN	So	CIN	So	LIN	Mi	CIN	Fr	LIN
26	Fr	LIN	Mo	CIN	Mo	LIN	Do	CIN	Sa	LIN
27	Sa	LIN	Di	CIN	Di	LIN	Fr	LIN	So	CIN
28	So	CIN	Mi	CIN	Mi	LIN	Sa	LIN	Mo	CIN
29	Mo	CIN			Do	LIN	So	LIN	Di	CIN
30	Di	CIN			Fr	Karfreitag, LIN	Mo	LIN	Mi	LIN
31	Mi	CIN			Sa	Ostern, LIN			Do	Fronleichn., LIN

tag und Sonntag etwas stärker nachgefragt sind als üblich. Montag und Dienstag nach dem Faschingswochenende werden voraussichtlich eher ruhig, da die Faschings-Besucher bereits wieder abgereist sind, aufgrund der Faschingstage jedoch kaum Geschäftstermine stattfinden und daher nur mit weniger CCO und CIN Nachfrage zu rechnen ist. Ab Donnerstag gehen die Freunde wieder von einer regulären Nachfrage aus, welche sich bis zur Messe Mitte März streckt. Ähnlich wie im Januar rechnen sie hier damit, dass die meisten Gäste am Tag vor Beginn der Messe anreisen und somit Montag der 12. März bereits sehr stark gebucht sein wird. Am letzten Messetag reisen viele Gäste bereits wieder ab, daher wird der Freitag vermutlich nicht stärker als üblich gebucht sein. Das folgende Wochenende ist dann vermutlich wieder regulär gebucht, ebenso wie die folgende Woche. Am Wochenende vor den Osterfeiertagen beginnen die Osterferien. Hier rechnet das Trio im Hotel Pfiffikus mit eher niedriger Nachfrage, da das Hotel Pfiffikus keine Urlaubsdestination ist, in der Gäste eine Woche oder mehr verbringen. Da Freizeitreisende jedoch in den Osterferien häufig in Urlaub fahren, ist hier mit geringerer Nachfrage zu rechnen. Auch Geschäftstermine werden eher selten in Feiertagswochen gelegt, so dass auch hier mit einer geringen Nachfrage aus den corporate Segmenten zu rechnen ist. Das Wochenende nach Ostern wird dann vermutlich wieder etwas besser nachgefragt, jedoch nicht so stark wie ein übliches Wochenende, daher wird am Samstag eine mittlerer anstatt einer starken Nachfrage erwartet. Der restliche April hat keine besonderen Ereignisse, daher gehen die Freunde hier von einer regulären Nachfrage aus. Eine Ausnahme bildet erst wieder Montag der 30. April. Aufgrund des Feiertags am 1. Mai werden am Montag und Dienstag wohl kaum Geschäftsreisende zu erwarten sein. Freizeitreisende, welche den Brückentag am Montag nutzen, planen oftmals weitere Urlaubsreisen, so dass hier nicht mit verstärkter Nachfrage gerechnet wird. Aufgrund des Feiertags gehen die Freunde auch davon aus, dass der Mittwoch etwas schwächer als üblich gebucht wird. Anders sieht es in der folgenden Woche aus, in welcher Christi Himmelfahrt auf den Donnerstag fällt. Hier rechnen die Freunde mit einer sehr starken Nachfrage von Wochenend-Urlaubern. Der Mittwoch vor dem Feiertag wird wohl etwas schwächer als üblich, durch weniger Geschäftsreisende, dafür gehen sie am Donnerstag, Freitag und Samstag von einer sehr starken Nachfrage aus. Am Pfingstwochenende darauf gehen sie davon aus, dass der Sonntag ähnlich stark nachgefragt wird wie der Samstag, da aufgrund des Feiertags am Montag die Rückreise nicht am Sonntag erfolgen muss. Am 31. Mai ist Fronleichnam, an diesem Wochenende erwarten die Freunde eine ähnlich starke Nachfrage wie am Christi Himmelfahrt Wochenende und prognostizieren sie analog. So gestalten die Freunde den Demand Calendar für das Hotel Pfiffikus für das komplette Folgejahr. Bei allen Ereignissen machen sie sich Gedanken, was diese für die Nachfrage in den einzelnen Segmenten bedeuten und was diese veränderte Nachfrage in einzelnen Segmenten für die Nachfrage des gesamten Hauses bedeutet. In den Demand Calendar tragen die Freunde auch ein, wann individuelle Buchungen ohne nähere Hintergrundinformationen in CIN und wann in LIN segmentiert werden sollen. In regulären Wochen segmentieren sie die Nächte von Sonntag bis Donnerstag in CIN, am Samstag und Sonntag in LIN. Da sie nun in manchen Zeiträumen aufgrund von Ereignissen mit Nachfrageverhalten unabhängig von Wochentagen rechnen, ist hier eine abweichende Segmentierung sinnvoll. Sie beschließen, diese direkt in den Kalender einzutragen. So halten sie getroffene Entscheidungen fest und müssen sich nicht in einem halben Jahr erneut fragen, welche Tage nun wie segmentiert werden sollten. Zudem können sie so bei der Erstellung des nächsten Demand Calendars auf diese Daten zurückgreifen und somit sicherstellen, dass vergleichbare Tage immer gleich segmentiert werden und somit die Vergleichbarkeit sichergestellt wird.

Nach der Prognose der Nachfrage in niedrig (hell), mittel und hoch (dunkel) sowie mit den Entscheidungen, wann individuelle Buchungen in welches Segment kategorisiert werden sollen, ergibt sich für das Hotel Pfiffikus der Demand Calendar (vgl. Tab. 4.1). Dieser kann nun dafür genutzt werden, Termine für Sonderraten festzulegen oder auch bei Anfragen zum Beispiel für Gruppen auf den ersten Blick zu sehen, in welchen Nachfragezeitraum die Anfrage fällt und wie sie grundsätzlich zu bewerten ist.

4.2 Besondere Zeiträume

Von besonderer Bedeutung ist die Identifikation von sehr stark nachgefragten Zeiträumen wie bestimmte Messen in Messestädten, das Oktoberfest in München oder auch der Bachelorball für das Hotel Pfiffikus. Auch die Hochsaison bei Ferienbetrieben zählt zu diesen Zeiten. Diese Zeiträume müssen für jedes Hotel frühzeitig und individuell definiert werden, um frühzeitig das Yield Management anzupassen. Solche Zeiträume werden langfristig recht stark restriktiert, meist auf Basis von Vergangenheitswerten. Würde man hier die Entwicklung der Buchungssituation abwarten, wären wahrscheinlich bereits zu viele ungewollte Buchungen getätigt worden. So kann es während einer Messe, bei der mit einer hohen Nachfrage von Gruppenreisen gerechnet wird, Sinn machen, langfristig einen Mindestaufenthalt von mehreren Tagen, also über die ganze Messe hinweg, zu setzen. Im ersten Moment mag es seltsam anmuten, ein noch komplett leeres Hotel so stark in den Buchungsmöglichkeiten einzuschränken. Allerdings ist gerade in sehr stark nachgefragten Zeiträumen ein frühzeitiges Yield Management oft die einzige Chance, ein akzeptables Ergebnis für die Schulternächte zu erzielen. So hat das Hotel Pfiffikus nur dann eine reelle Chance, den Freitag vor dem Bachelorball zu füllen, wenn es diese Nacht zusammen mit der Ballnacht verkauft. Nur eine Nacht, von Freitag auf Samstag, lässt sich tendenziell schlecht verkaufen. Wird nun die Nacht vom Samstag zu lange offengehalten und einzeln verkauft, so kann es sein, dass nicht mehr ausreichend Zimmer für eine mehrtägige Buchung zur Verfügung stehen.

Für solch stark angefragte Zeiträume ist jedoch nicht nur die langfristig korrekte Einstellung von Verfügbarkeiten und Raten notwendig, sondern auch die konti-

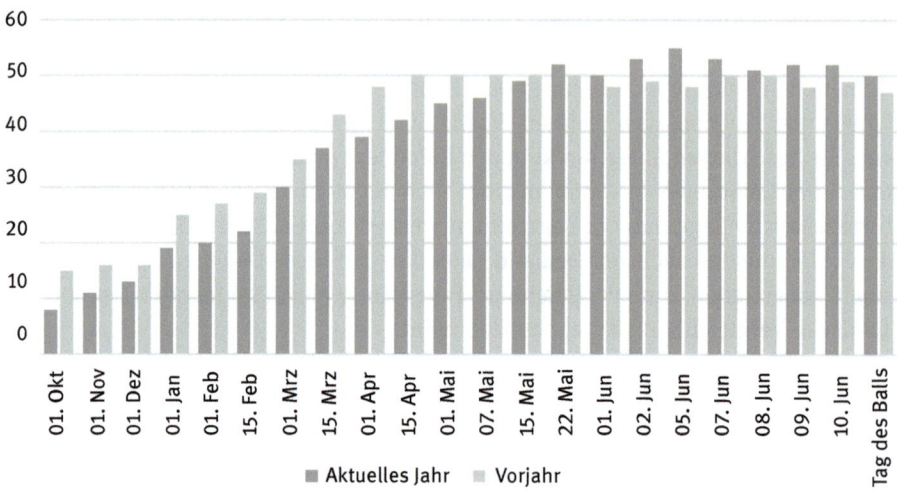

Abb. 4.1: Buchungsentwicklung Bachelorball im Vergleich zum Vorjahr.

nuierliche Beobachtung des Pick Up. Hier ist vor allem der Vergleich mit dem Vorjahr sinnvoll, bzw. der Vorperiode in welcher das Ereignis zuletzt stattgefunden hat, da manche Messen nur alle 2–3 Jahre stattfinden. In einem ersten Schritt wird meist der aktuelle Buchungsstand mit dem Buchungsstand der Vorperiode unter Beachtung der Vorlaufzeit verglichen (vgl. Abb. 4.1). Hier spricht man auch von einem Same Point in Time Vergleich. In einem ähnlichen Verfahren lässt sich auch der Pick Up mit dem Vorjahr vergleichen.

Bei der allgemeinen Buchungsentwicklung wird deutlich, dass ein erster Anstieg der Buchungen über die Weihnachtszeit erfolgt, wenn viele Studenten zuhause sind und mit ihren Familien über den Ballbesuch sprechen um dann im Anschluss die entsprechenden Zimmer zu reservieren. Ein weiterer Anstieg folgt bei Beginn des letzten Semesters im Februar bzw. März. Ab diesem Zeitpunkt steigen die Buchungen kontinuierlich, bis sie im Mai während der Prüfungsphase stagnieren und dann kurz vor dem Ball durch Krankheiten und andere kurzfristige Ausfälle eher sinken. Im aktuellen Jahr wurde das Yield Management für den Tag des Balls geändert, so dass die Zimmerpreise etwas höher waren als im Vorjahr und auch ein MinLOS von zwei Nächten gesetzt wurde. Dass diese Strategie zunächst Buchungen verdrängt, zeigt sich durchgehend von Oktober bis Mitte Mai, hier liegen die aktuellen Buchungszahlen stets unter den Vorjahren zurück. Während das Hotel im Vorjahr bereits ab Mitte April ausgebucht war, konnten in diesem Jahr bis in den Juni hinein noch Buchungen akzeptiert werden. Aufgrund einer moderaten Überbuchung wurden auch die kurzfristigen Stornierungen abgefangen, so dass das Hotel Pfiffikus am Tag des Bachelorballs voll belegt war, während im Vorjahr drei Zimmer leer standen.

Tab. 4.3: Notwendiger Pick Up zum Erreichen des Vorjahresergebnisses.

	Aktuelles Jahr			Vorjahr		
	Buchungen	ARR	Revenue	Buchungen	ARR	Revenue
01. April	39	58,00 €	2.262,00 €	48	47,00 €	2.256,00 €
Abschluss				47	47,00 €	2.209,00 €
Pick Up (PU)				−1	0,00 €	−47,00 €
Nötiger PU	8	−11,00 €	−53,00 €			

Neben dem Vergleich der Buchungsentwicklung kann man auch den aktuellen Buchungsstand mit dem Endergebnis des Vorjahres vergleichen und dies herunterbrechen auf den Pick Up, der zu erzielen ist, um mindestens das Vorjahresergebnis zu erreichen.

In Tabelle 4.3 wird der Buchungsstand zum ersten April verglichen. Im Vorjahr waren bereits neun Zimmer mehr gebucht als im aktuellen Jahr, allerdings zu einer niedrigeren Rate. Der fest gebuchte Umsatz (revenue on the books) ist in beiden Jahren zu diesem Zeitpunkt fast identisch. Im Vorjahr beträgt die Differenz zwischen Buchungsstand zum ersten April und Abschluss des Tages ein Zimmer und 47,00 €, die in diesem Zeitraum verloren wurden. Im aktuellen Jahr müssten noch acht Zimmer gebucht werden, um das Ergebnis des Vorjahres an Zimmerbuchungen zu erreichen. Die Durchschnittsrate und der Umsatz des Vorjahres wurden bereits zum betrachteten Zeitpunkt übertroffen.

Betrachtet man neben der Belegung und den höheren Zimmerraten auch die stärkere Buchung des Freitags, so ist dies ein schönes Lehrbuchbeispiel für erfolgreiches Yield Management. In der Praxis müssen jedoch Entscheidungen getroffen werden, ohne die komplette Entwicklung in der Retrospektive zu kennen. So musste im Februar, als die Buchungen kaum stiegen und der Abstand zum Vorjahr immer stärker wurde, die Strategie hinterfragt werden. Ob wirklich kurzfristig noch ausreichend Gäste bereit sind einen höheren Preis zu bezahlen und zwei Nächte zu übernachten, konnte zu diesem Zeitpunkt niemand wissen. Erschwert wurde diese Unsicherheit auch durch die Tatsache, dass das Hotel im Vorjahr ab April bereits ausgebucht war. Mit wie viel Nachfrage zwischen April und Juni noch zu rechnen ist, war demnach nicht bekannt. Ebenso ist unklar, was passiert wäre, wenn die Preise noch weiter erhöht worden wären oder ein höherer Mindestaufenthalt gesetzt worden wäre. Ggf. hätte dadurch der Umsatz noch stärker gesteigert oder der Sonntag auch noch forciert werden können. Diese Fragen, ob noch mehr möglich gewesen wäre, ob die aktuelle Strategie die richtige ist, zu viel oder zu wenig Risiko eingegangen wird, sind Fragen, die sich Revenue Manager fast täglich stellen. Oftmals müssen unterschiedliche Strategien zunächst getestet werden, um einen erfolgreichen Weg zu finden. Wie risikoreich dieser Weg ist, hängt stark von den individuellen Neigungen der Entscheidungsträger ab.

Zu den besonderen Zeiträumen, welche im Yield Management zu beachten sind, gehören jedoch auch nachfrageschwache Zeiten. Hier ist besonders auf die reguläre Leadtime zu achten und Aktionen sind entsprechend zu planen. Ein besonderes Angebot über Weihnachten oder Silvester wird vermutlich im Januar oder Februar noch eher verhalten gebucht, im November oder Dezember kann es bereits zu spät sein, um noch eine kritische Masse an Buchungen zu erreichen. In Ferienzeiten kann eine sehr frühzeitige Buchbarkeit sinnvoll sein. Meistens können Hotels ein Jahr im Voraus gebucht werden. Für Ferienzeiten, die tendenziell langfristig geplant werden, kann es sinnvoll sein, bereits weiter als ein Jahr im Voraus die Buchbarkeit zu sichern, um auch einen Wettbewerbsvorteil gegenüber Mitbewerbern zu generieren, welche ihre Raten erst später laden.

4.3 Budget nach Segmenten und Monaten

Das Budget kann in unterschiedlichen Detailgraden erstellt werden. Von einer Summe für das ganze Haus bis hin zu einem tagesgenauen Budget nach Segment ist fast jede Abstufung möglich. Eine Summe für das ganze Haus und das ganze Jahr hat allein genommen recht wenig Aussagekraft, da sie lediglich das erwartete Ergebnis wiedergibt, nicht aber, wie dieses erreicht werden soll. Es macht daher Sinn, die Jahressumme in Summen nach Segmenten aufzuteilen. So wird deutlich, aus welchen Zielmärkten die Ergebnisse realisiert werden sollen, was eine wichtige Grundlage beispielsweise für Marketingentscheidungen darstellt. Bei der Erstellung eines Budgets mit Jahreswerten kann der Vorjahreswert, bzw., sofern vorhanden, die Vorjahreswerte, genommen werden und anhand der erwarteten Entwicklung hochgerechnet werden. Hierfür ist dann lediglich relevant, ob mit einer stärkeren oder schwächeren Nachfrage über das ganze Jahr hinweg gerechnet wird. Da das Jahr in seiner Gänze oft schwierig greifbar ist, werden oft Monatsbudgets gebildet, welche dann für ein Jahresbudget aufsummiert werden. Dieses Vorgehen bietet den Vorteil, dass im folgenden Jahr jeden Monat die Ergebnisse mit den Budgetwerten verglichen werden können. So lässt sich schnell feststellen, ob die Erreichung des Budgets am Jahresende realistisch ist oder nicht. Gleichzeitig kann bei einer negativ abweichenden Entwicklung entsprechend gegengesteuert werden. Aufgrund dieser Überlegungen beschließen auch die drei Freunde im Hotel Pfiffikus ein Budget nach Segment und Monat zu berechnen. Da sie die Segmentierung erst eingeführt haben, können sie als historische Werte jedoch nur auf den Vorjahreswert zurückgreifen. Für die Jahre davor haben sie lediglich die Ergebnisse des ganzen Hauses. Die Freunde beschließen daher, die Hochrechnung der einzelnen Segmente auf den Vorjahreswerten zu basieren, um im Anschluss die Monatssummen mit den historischen Werten abzugleichen. Um den Umsatz je Segment zu berechnen, müssen sie Roomnights und Rate hochrechnen. Sie beschließen mit den Roomnights zu beginnen und betrachten hier die Werte des Vorjahres (vgl. Tab. 4.4).

Tab. 4.4: Roomnights nach Monat und Segment im Vorjahr.

Vorjahr	CCO	CIN	CGR	LIN	LDE	LGR	OTH	Gesamt
Januar	308	136	144	244	111	14	20	977
Februar	334	147	170	265	113	20	15	1.064
März	353	155	184	280	121	15	10	1.118
April	270	119	64	245	131	34	15	878
Mai	332	146	142	273	125	17	20	1.055
Juni	333	147	165	264	117	9	15	1.050
Juli	303	133	98	257	145	22	10	969
August	234	103	14	209	151	48	20	779
September	341	150	175	270	125	37	5	1.103
Oktober	344	151	173	272	119	29	15	1.104
November	379	167	202	300	126	22	10	1.206
Dezember	283	125	76	249	132	45	20	929
Gesamt	**3.814**	**1.678**	**1.609**	**3.127**	**1.516**	**312**	**175**	**12.231**

Anschließend machen die Freunde sich Gedanken, was sich in den einzelnen Segmenten insgesamt ändern wird, durch angepasste Strategien oder veränderte Marktbedingungen. Im Segment CCO erwarten sie aufgrund der vereinbarten Firmenraten einen Anstieg in den Roomnights, dafür jedoch einen Verlust in der Rate. Durch die zusätzlichen Roomnights im CCO Bereich wird weniger Verfügbarkeit für das Segment CIN bestehen, weswegen sie hier mit einem Rückgang der Roomnights rechnen. Gleichzeitig wird die Rate im CIN steigen, da die BAR die günstigeren Firmenraten kompensieren muss und dadurch höher angesetzt wird. Im CGR Bereich erwarten sie keine nennenswerten Veränderungen. Im Segment LIN werden vermutlich durch aktives Yield Management und Sonderaktionen sowohl Roomnights als auch Rate leicht steigen. Im Segment LDE erwarten sie einen leichten Anstieg der Roomnights, da aufgrund der veränderten Konditionen vermutlich unter der Woche weniger Zimmer gebucht werden, dafür am Wochenende aufgrund der vermehrten Kontingenten deutlich mehr Buchungen erwartet werden. Die Rate wird leicht steigen, da die Vertragsrate vor allem bei Wholesaler A deutlich gestiegen ist. Im Segment LGR gehen die Freunde von keinen nennenswerten Veränderungen aus, ebenso wie im Segment OTH.

Auf Basis dieser Überlegungen, den Vorjahreswerten und dem zuvor erstellten Demand Calendar überlegen die Freunde nun, was sich im jeweiligen Monat in den einzelnen Segmenten ändert. Im Januar ist die erste Woche durch den Feiertag schwach. Im Vorjahr war der Feiertag ein Sonntag, im kommenden Jahr fällt er auf einen Montag. Da der Feiertag meist nur die Woche betrifft, in welche er fällt, wird im Folgejahr ein Tag weniger durch den Feiertag geschwächt. Gleichzeitig wird ein Tag weniger in LIN und dafür in CIN segmentiert, da der 7. Januar im Vorjahr ein Samstag war und in LIN segmentiert wurde. Die Messe fiel im Vorjahr von den

Daten her ähnlich, hier wird kaum eine Veränderung in den Roomnights erwartet. Auch die restlichen Businesswochen erwarten die Freunde ähnlich wie im Vorjahr.

Tab. 4.5: Budgeterstellung Roomnights Januar.

Januar	CCO	CIN	CGR	LIN	LDE	LGR	OTH	Gesamt
Vorjahr	308	136	144	244	111	14	20	977
Segment Entwicklung	++	– –	+/–	++	+	+/–	+/–	++
Monatsentwicklung	+	+	+/–	–	+/–	+/–	+/–	+
Budget	**380**	**120**	**145**	**275**	**140**	**15**	**20**	**1.095**

Es lässt sich so für jedes Segment eine allgemeine Segmententwicklung darstellen (vgl. Tab. 4.5). Die Freunde nutzen für die Darstellung ++ bzw. – – für eine starke positive bzw. negative Entwicklung. Wird die Entwicklung weniger stark erwartet, nutzen sie + und –. Wenn sie davon ausgehen, dass ein Segment sich im Vergleich zum Vorjahr kaum verändert, so drücken sie dies mit +/– aus. Neben der allgemeinen Segmententwicklung bewerten sie so auch die Entwicklung des Monats. Auf Basis der Vorjahreswerte und mithilfe der Entwicklungen können sie nun das Budget hochrechnen. Da sie nicht in die Zukunft sehen können, müssen sie abschätzen, wie stark die einzelnen Entwicklungen sind und wie sich dies in den Übernachtungszahlen ausdrückt. Die Freunde finden das oft unbefriedigend, schließlich sind sie es gewohnt, Sachverhalte genau zu kalkulieren. Das oftmals reine Schätzen bei einer so wichtigen Entscheidungsgrundlage macht vor allem Miriam zu

Tab. 4.6: Budget Roomnights.

Budget	CCO	CIN	CGR	LIN	LDE	LGR	OTH	Gesamt
Januar	380	120	145	275	140	15	20	**1.050**
Februar	400	100	170	300	140	20	15	**1.105**
März	320	130	200	300	140	15	10	**1.090**
April	300	90	40	280	130	30	15	**865**
Mai	360	100	120	330	145	20	20	**1.065**
Juni	390	110	170	320	140	10	15	**1.155**
Juli	350	90	100	330	160	25	10	**1.035**
August	280	80	15	250	170	50	20	**865**
September	400	110	180	320	150	40	5	**1.195**
Oktober	410	120	170	330	140	30	15	**1.195**
November	440	130	200	350	145	20	10	**1.245**
Dezember	320	90	80	310	150	45	20	**1.035**
Gesamt	**4.350**	**1.270**	**1.590**	**3.695**	**1.750**	**320**	**175**	**12.900**
zu Vorjahr	*536*	*–408*	*–19*	*568*	*234*	*8*	*0*	*669*
relativ	*14 %*	*–24 %*	*–1 %*	*18 %*	*15 %*	*3 %*	*3 %*	*5 %*

schaffen. Sie trösten sich damit, dass sie die Entwicklungen nach besten Wissen und Gewissen abwägen und dass sie am Ende die Plausibilität der Summen ja nochmals überprüfen werden. So gehen die Freunde nun weiter Monat für Monat durch. Im Februar erwarten sie kaum Änderungen, der März wird vermutlich etwas stärker als im Vorjahr, da Ostern zuletzt komplett im März lag. Dafür wird der April wohl etwas schwächer. Auch den Mai erwarten sie etwas schlechter als im Vorjahr aufgrund der vielen Feiertage, die komplett in den Mai fallen. Im Juni erwarten sie keine Veränderung des Monats, allerdings haben sie große Hoffnungen in das starke Yielding zum Bachelorball. Dies wird sich jedoch vor allem in der Zimmerrate bemerkbar machen. So bewerten sie die Monatsentwicklung je Segment, die allgemeine Segmententwicklung als Ausdruck der Strategie bleibt für alle Monate bestehen. Schließlich haben sie so das Budget aller Roomnights nach Segment und Monat kalkuliert (vgl. Tab. 4.6).

Nachdem sie die Roomnights je Segment budgetiert haben, vergleichen die Freunde die Werte noch mit den Vorjahreswerten in absoluter und relativer Abweichung. Die Segmentstrategie drückt sich nun auch in den Zahlen aus. Sie gehen davon aus, dass CCO steigen und dafür CIN verdrängen wird. Im Budget steigt nun CCO deutlich stärker als CIN abnimmt, so dass sie insgesamt eine positive Entwicklung erwarten. Auch LIN und LDE sollen laut Strategie steigen, auch das drückt sich in den Zahlen aus. Wobei Miriam etwas skeptisch ist, ob LIN wirklich so stark steigen wird – aktuell kalkulieren sie mit einer stärkeren Steigerung als CCO. Das hält sie für unrealistisch, da die Steigerung im CCO ja auf neuen Verträgen basiert, im LIN rein auf Yield Management. Im Segment CGR diskutieren die Freunde über die 19 Zimmer weniger, welche sie im Vergleich zum Vorjahr budgetiert haben. Salim findet, dass ein Budget ja auch eine Außenwirkung hat. Und wenn sie nicht von einer Verschlechterung des Segmentes ausgehen, dann sollte keine negative Entwicklung dargestellt werden, und sei sie noch so klein. Katrin ist ähnlicher Meinung. Sie findet, dass auch die Segmente in denen sie keine strategische Änderung budgetiert haben, leicht steigen sollten. Schließlich werden sie immer erfahrener, ihre Strategien immer ausgefeilter, da muss ein kleines Wachstum möglich sein. Denn, so ihre Argumentation, wenn sie immer auf der Stelle bleiben würden, wäre dies kalkulatorisch ja ein Rückschritt, da sie Inflation und sonstige Marktentwicklungen ja ausgleichen müssen. Die Freunde diskutieren noch ein wenig über die Veränderung der einzelnen Segmente. Bevor sie jedoch Änderungen vornehmen, beschließen sie, die Summe mit dem historischen Werten abzugleichen, um zu sehen, ob die budgetierten Entwicklungen plausibel sind, oder auch hier noch Anpassungen nötig sind.

So vergleichen die Freunde ihre budgetierte Summe an Roomnights je Segment mit den Monatsergebnissen der Vorjahre (vgl. Tab. 4.7). Ihnen fällt auf, dass Katrin wohl Recht hat – auch ohne einen Strategiewechsel sind die Übernachtungen jedes Jahr um zwei bis drei Prozent gestiegen. Mit dieser Entwicklung vor Augen zweifeln sie nun jedoch stark an der von ihnen avisierten Steigerung um acht Prozent. Das

Tab. 4.7: Budget im Vergleich mit historischen Werten.

Roomnights	Budget	Vorjahr	Jahr zuvor	Jahr zuvor	Jahr zuvor
Januar	1.095	977	962	933	914
Februar	1.145	1.064	1.048	1.016	996
März	1.115	1.118	1.101	1.068	1.047
April	885	878	865	839	822
Mai	1.095	1.055	1.039	1.008	987
Juni	1.155	1.050	1.034	1.003	983
Juli	1.065	969	954	926	907
August	865	779	768	745	730
September	1.205	1.103	1.086	1.054	1.032
Oktober	1.215	1.104	1.087	1.055	1.034
November	1.295	1.206	1.188	1.153	1.130
Dezember	1.015	929	915	888	870
Gesamt	**13.150**	**12.231**	**12.047**	**11.686**	**11.452**
zu Vorjahr	*919*	*183*	*361*	*234*	
relativ	*8 %*	*2 %*	*3 %*	*2 %*	

Wachstum der Vorjahre zu vervierfachen erscheint ihnen bei allem Vertrauen in ihre Strategie etwas vermessen. Sie verständigen sich darauf, dass sie aufgrund der Strategieänderung etwa fünf bis sechs Prozent Steigerung für realistisch erachten, das hieße die Roomnights von 13.150 auf 12.900 in Summe zu reduzieren. Diese Reduktion teilen sie auf die Segmente LIN, LDE und CCO auf, jene Segmente bei denen sie ein starkes Wachstum budgetiert hatten. Zugleich steigern sie die Segmente CGR, LGR und OTH etwas, um hier zumindest ein leichtes Wachstum darzustellen. Final einigen sie sich auf folgendes Roomnight-Budget je Segment (vgl. Tab. 4.8).

Tab. 4.8: Finales Budget Roomnights.

Roomnights	CCO	CIN	CGR	LIN	LDE	LGR	OTH	Gesamt
Gesamt	4.310	1.270	1.620	3.500	1.700	320	180	12.900
Zu Vorjahr	*496*	*−408*	*11*	*373*	*184*	*8*	*5*	*669*
relativ	*13 %*	*−24 %*	*1 %*	*12 %*	*12 %*	*3 %*	*3 %*	*5,5 %*

Nachdem sie die Jahressummen der Segmente geändert haben, müssen die Monatswerte entsprechend angepasst werden, um diese Summen zu erreichen. Da sie durch den ersten Schritt der Monatsbudgets jedoch schon Grundwerte haben, reduzieren die Freunde hier in sehr stark budgetierten Monaten etwas bzw. kalkulieren in sehr schwachen Monaten mit etwas mehr. Nachdem die Roomnights budgetiert sind, müssen die Freunde nun noch die jeweiligen Durchschnittsraten budgetieren, um dann den Gesamtumsatz kalkulieren zu können. Für die Segmente CIN und LIN wurde die Rate bei der Kalkulation der CCO Rate schon fast komplett budgetiert. Hier wurde ja die jeweils notwendige BAR in den genannten Segmenten festgelegt. Nun entspricht die BAR nicht unbedingt der Durchschnittsrate, schließlich buchen Gäste nicht nur die BAR, sondern auch Abschlagsraten. Zudem ändert sich die BAR ja kontinuierlich. Der Budgetwert muss daher dem Durchschnittswert der Rate aller getätigten Buchungen entsprechen, also sowohl den Einstiegswert der Rate als auch die Steigerung durch Yielding mit berücksichtigen. In den Segmenten CIN und LIN kann daher die kalkulierte notwendige Rate lediglich als Basis genommen werden. Grundsätzlich buchen beide Segmente die öffentliche Rate, allerdings das Segment LIN eher am günstigen Wochenende, während CIN Buchungen unter der Woche getätigt werden. Daher liegt die CIN Rate üblicherweise oberhalb der LIN Rate. Zudem ist die vorgegebene Untergrenze von 50,00 € im Verkauf, also 46,73 € netto zu berücksichtigen. Ein Budget mit dieser Rate würde bedeuten, dass alle Zimmer den ganzen Monat über durchgehend zur niedrigst möglichen Rate von 50,00 € verkauft wurden. Um diesen Wert zum Beispiel bei einer Frühbucherrate nicht zu unterschreiten, liegt die BAR ja immer höher als dieser Mindestwert. Ein Budget von 46,73 € Durchschnittsrate würde demzufolge auch bedeuten, dass immer nur die günstigste Abschlagsrate, niemals jedoch die BAR gebucht wurde. Da dies sehr unrealistisch erscheint, ist das Budget meist etwas höher als dieser Mindestwert. Auch der Budgetwert der Raten in den Segmenten CCO und LDE ist recht einfach, da hier ausschließlich Vertragsraten gebucht werden. Im Segment CCO muss die Vertragsrate je Firma gemäß der erwarteten Roomnights je Firma gewichtet werden, um eine entsprechende Durchschnittsrate für das Segment zu erhalten (vgl. Tab. 4.9).

Tab. 4.9: Kalkulation Durchschnittsrate CCO.

	Firma 1		Firma 2		Firma 3		Firma 4		Gesamt	
	RN	Rate	RN	Rate	RN	Rate	RN	Rate	RN	Rate
Total Year	1.638	51,13 €	431	59,98 €	991	52,93 €	1.250	49,56 €	4.310	51,97 €

Für die Roomnights je Firma werden die budgetierten CCO RN, 4.310, gemäß der prozentualen Aufteilung je Firma verteilt. Diese Aufteilung wurde für das Vorjahr bereits berechnet, um die Auf- und Abschläge zu kalkulieren. Zunächst gehen die Freunde hier von keiner Änderung aus. Bei den Raten je Firma wurden die berechneten netto-Firmenraten genutzt, bei Firma 1 wurde der LRA Aufschlag noch hinzuaddiert. So ergibt sich auf das Jahr gesehen eine Durchschnittsrate im Segment CCO von 51,97 €. Diese kann nun entweder für jeden Monat übernommen werden, als statische Rate. Oder die Durchschnittsrate je Monat wird gemäß der unterschiedlichen Aufteilung der CCO Übernachtungen auf die Firmen gewichtet. Für das Hotel Pfiffikus entscheiden sich die Freunde für die zweite, etwas aufwändigere Variante. So hoffen sie, dass die Monatsbudgets sauberer werden und sie demnach unterjährig besser abschätzen können, ob sie noch auf Budgetkurs liegen. Für die Kalkulation berechnen sie demnach die relative Aufteilung der CCO RN auf die vier Firmen je Monat im Vorjahr. Diese prozentuale Aufteilung wenden sie dann auf die budgetierten CCO RN für das Folgejahr an. So kann das CCO Budget je Firma heruntergebrochen werden. Die Firmenrate bleibt je Firma für das ganze Jahr identisch. Durch die unterschiedliche Zusammensetzung der CCO RN schwankt die durchschnittliche CCO Rate je Monat etwas. Wenn in einem Firmenvertrag Closeout Daten vereinbart wurden, also Daten, an denen die Firmenrate nicht gilt, so ist an diesen Tagen von der BAR auszugehen. Im Segment LDE ist die Gewichtung der Roomnights je Wholesaler nicht nötig, da alle Wholesaler dieselbe Rate buchen, diese ist dann über das ganze Jahr konstant. An Closeout Tagen buchen Wholesaler keine Zimmer, hier ist daher nicht mit einer anderen Rate zu kalkulieren. In den Segmenten LGR und OTH nehmen die Freunde die Werte des Vorjahres als Budgetwerte. Zum einen produzieren diese Segmente recht wenige Roomnights mit tendenziell geringer Rate. Und die Anfragen werden – aufgrund der geringen Rate – meist nur angeboten, wenn ausreichend Verfügbarkeit besteht. Eine Chance auf eine Ratensteigerung sehen die Freunde nicht, bisher wurden Angebote zu leicht erhöhten Raten meist abgelehnt, da das Budget gerade bei Freizeitgruppen oft sehr gering ist. Im Bereich CGR beschließt das Trio auf Basis ihrer Segment-Kalkulation zu budgetieren. Hier hatten sie gesehen, dass bei größeren CGR Gruppen die Rate steigen muss, um die Verdrängungen von Roomnights in anderen Segmenten zu kompensieren. Nun haben sie die Roomnights pro Monat budgetiert und wissen nicht, wann eine Gruppe viele Zimmer an einem Tag braucht und daher eine höhere Rate rechtfertigt. Sie beschließen daher, bei wenigen Roomnights im Monat von der Basisrate von 45,00 € auszugehen, und diese Rate gemäß ihrer Kalkulation mit steigender Anzahl an monatlichen Roomnights zu steigern.

Tab. 4.10: Budget Rate je Segment.

Rate	CCO	CIN	CGR	LIN	LDE	LGR	OTH
Januar	52,13	56,00	50,00	52,00	41,12	42,00	22,00
Februar	51,98	58,00	52,00	55,00	41,12	43,00	23,00
März	52,00	75,00	53,00	62,00	41,12	41,00	21,00
April	52,01	53,00	45,00	48,00	41,12	40,00	20,00
Mai	52,00	57,00	47,00	53,00	41,12	41,00	21,00
Juni	52,01	56,00	52,00	52,00	41,12	42,00	22,00
Juli	51,97	55,00	46,00	51,00	41,12	40,00	20,00
August	51,82	53,00	45,00	51,00	41,12	40,00	20,00
September	51,92	65,00	53,00	59,00	41,12	43,00	23,00
Oktober	51,89	70,00	52,00	64,00	41,12	45,00	25,00
November	52,12	73,00	55,00	63,00	41,12	42,00	22,00
Dezember	51,75	53,00	45,00	51,00	41,12	40,00	20,00

Tab. 4.11: Budgetierter Umsatz nach Segment und Monat.

Revenue	CCO	CIN	CGR	LIN	LDE	LGR	OTH
Januar	19.809 €	6.720 €	7.250 €	13.000 €	4.395 €	630 €	440 €
Februar	20.272 €	5.800 €	8.840 €	15.400 €	5.346 €	860 €	345 €
März	16.640 €	9.750 €	10.600 €	17.360 €	5.346 €	615 €	315 €
April	15.603 €	4.770 €	3.150 €	11.040 €	5.346 €	1.200 €	300 €
Mai	18.721 €	5.700 €	5.640 €	15.900 €	5.963 €	820 €	420 €
Juni	20.282 €	6.160 €	8.840 €	16.640 €	5.757 €	420 €	330 €
Juli	18.188 €	4.950 €	4.600 €	15.810 €	6.168 €	1.000 €	200 €
August	14.509 €	4.240 €	675 €	12.750 €	6.991 €	2.000 €	400 €
September	20.247 €	7.150 €	9.540 €	18.880 €	6.168 €	1.720 €	115 €
Oktober	21.277 €	8.400 €	8.840 €	19.840 €	5.757 €	1.350 €	375 €
November	21.891 €	9.490 €	11.000 €	20.160 €	5.963 €	840 €	220 €
Dezember	16.561 €	4.770 €	3.600 €	16.830 €	6.168 €	1.800 €	400 €
Gesamt	**224.000 €**	**77.900 €**	**82.575 €**	**193.610 €**	**69.907 €**	**13.255 €**	**3.860 €**

Tab. 4.12: Umsätze Budget vs. Vorjahr nach Segment.

Revenue	CCO	CIN	CGR	LIN	LDE	LGR	OTH	Gesamt
Total Year	224.000 €	77.900 €	82.575 €	193.610 €	69.907 €	13.255 €	3.860 €	665.107 €
zu Vorjahr	*2.788 €*	*−21.279 €*	*10.181 €*	*8.813 €*	*12.299 €*	*307 €*	*98 €*	*13.207 €*
relativ	*1 %*	*−21 %*	*14 %*	*5 %*	*21 %*	*2 %*	*3 %*	*2 %*

Durch die Überlegungen und Kalkulationen für die Durchschnittsrate je Monat und Segment ergibt sich das Raten Budget (vgl. Tab. 4.10). Durch Multiplizieren von budgetierten Roomnights und budgetierter Rate je Segment und Monat ergibt sich dann das Gesamtbudget für das kommende Jahr, welches die budgetierten Umsätze zusammenfasst (vgl. Tab. 4.11).

Die budgetierten Gesamtumsätze je Segment lassen sich nun mit den Vorjahreswerten vergleichen, um die Plausibilität zu prüfen. Tabelle 4.12 zeigt die absolute und relative Veränderung der Umsätze je Segment, Budget versus Vorjahr.

Im Segment CCO sollen laut Budget die Roomnights massiv steigen, durch die günstigeren Firmenraten bleibt der Umsatz jedoch fast identisch zum Vorjahr. Deutlich weniger Umsatz wird vermutlich im Bereich CIN erwirtschaftet. Hier kann die Ratensteigerung den Verlust an Roomnights nicht auffangen. CGR soll vor allem durch gesteigerte Raten wachsen, hier möchten die Freunde die Verdrängung von individuellen Roomnights durch höhere Raten kompensieren. LIN soll durch zusätzliche Roomnights wachsen, diese erhoffen sich die Freunde vor allem durch spezielle Angebote, wodurch die Rate sinkt. LDE soll in Roomnights und Rate deutlich wachsen, durch die erhöhte Vertragsrate und das Einräumen von Kontingenten für Wholesaler B und C erhoffen sich die Freunde einen deutlich gestiegenen Umsatz. LGR und OTH steigen relativ gesehen etwas, absolut fallen die Umsätze kaum ins Gewicht. Insgesamt möchten die Freunde im Hotel Pfiffikus im kommenden Jahr 665.107 € umsetzen und somit die Umsätze um 2 % im Vergleich zum Vorjahr steigern.

4.4 Tagesgenaues Budget

Nachdem sie das Budget festgelegt haben und auch die Steigerung im Vergleich zum Vorjahr plausibel wirkt, ist Katrin höchst zufrieden. „Das ist doch super, so können wir nächstes Jahr jeden Monat direkt sehen, ob wir noch auf Budgetkurs liegen oder ob wir aufholen müssen. Und durch die Segmente wissen wir dann auch gleich, bei welchen Kundengruppen wir ansetzen müssen. So können wir dann das Marketing speziell ausrichten oder Sonderaktionen machen." Katrin wird ganz aufgeregt bei dem Gedanken daran, was sie alles tun könnten, um die Gäste zu begeistern und den Umsatz zu steigern. Salims Stimmung ist etwas gedrückter: „Naja, ein bisschen mehr Umsatzsteigerung hatte ich mir schon erwartet – bei der ganzen Arbeit die wir in die Zahlen stecken!" Die beiden Freundinnen vertrösten ihn, schließlich müssen viele Änderungen erst richtig anlaufen, da darf man im ersten Jahr nicht mit allzu großen Sprüngen rechnen. Doch auch Miriam ist nicht ganz zufrieden: „Irgendwie ist das doch alles ungenau. Im CGR zum Beispiel. Wir gehen davon aus, dass wir bei 200 Roomnights im Monat ein paar große Gruppen dabeihaben werden und somit die Rate steigern können. Aber vielleicht haben wir auch nur konstant jeden Tag kleine Gruppen. Oder die Gruppen werden so groß, dass sie zu viel individuelles Geschäft verdrängen. Dann verlieren wir trotz Ratensteigerung Umsatz. Und wir merken es immer erst am Monatsende, das ist doch auch zu spät! Wenn wir Ende Januar merken, dass irgendwas grundlegend schiefläuft, ist es doch fast schon zu spät, für den Februar noch gegenzusteuern. Ich finde wir müssen unsere Zahlen engmaschiger überprüfen können und sollten ein Budget pro Tag machen." Salim versteht ihre Verzweiflung nicht: „Na nichts einfacher als das. Wir haben zum Beispiel für Januar ein Budget für Roomnights und Umsatz. Wenn wir diese Werte jeweils durch die 31 Tage teilen, die der Januar hat, haben wir unser Budget pro Tag. Voilá!" „Das kann doch nicht Dein Ernst sein", stöhnt Miriam: „wir verkaufen doch nicht jeden Tag ganz genau gleich viel! Wir müssen das schon nach den Wochentagen genau machen."

Wie so häufig bei den Diskussionen um die Genauigkeit der Zahlen setzt Miriam sich durch, und so bemühen sich die Freunde, das Monatsbudget auf die Tage herunter zu brechen. Bei der segmentweisen Vorgehensweise hilft ihnen auch der Demand Calendar, welchen sie zuvor als Jahresübersicht erstellt hatten. Sie beginnen mit dem Segment CCO. Am ersten Januar rechnen sie mit kaum Übernachtungen, schließlich ist das ein Feiertag und vielerorts sind auch noch Ferien. Im Laufe der Woche vermuten sie eine Steigerung der Roomnights mit einem Peak am Mittwoch allerdings lang nicht so viele Übernachtungen wie üblicherweise an einem Mittwoch. Am Wochenende werden die Firmenübernachtungen vermutlich wieder zurückgehen. Immer wieder schauen sie auch nach den Vorjahreswerten, die

Tab. 4.13: Tagesgenaues Budget CCO.

Datum	Wochentag	Roomnights	Rate	Revenue
01.01.	Mo	2	52,13 €	104,26 €
02.01.	Di	7	52,13 €	364,91 €
03.01.	Mi	15	52,13 €	781,95 €
04.01.	Do	10	52,13 €	521,30 €
05.01.	Fr	3	52,13 €	156,39 €
06.01.	Sa	2	52,13 €	104,26 €
07.01.	So	5	52,13 €	260,65 €

Durchschnittswerte nutzen sie als Basis für ihre Schätzungen. Bei der Rate hatten sie für das Monatsbudget die Roomnights gemäß der einzelnen Firmen und ihrer unterschiedlichen Raten gewichtet. Für das Tagesbudget erscheint ihnen dieser Aufwand zu groß. Sie kalkulieren daher mit der monatlichen Durchschnittsrate, welche sie zuvor budgetiert hatten (vgl. Tab. 4.13).

Nach diesem Schema gehen die Freunde nun den ganzen Januar durch. Wenn die Tage genau vergleichbar sind, wie etwa der erste Januar oder auch die Messetage, so orientieren sie sich stark an den Vorjahreswerten. Für die regulären Businesswochen nehmen sie oft Durchschnittswerte, rechnen also aus, wie viele CCO Zimmer durchschnittlich an einem regulären Montag im Januar verkauft wurden. Diese Durchschnitts- bzw. Vorjahreswerte nehmen sie dann als Basis und kalkulieren die Segmentveränderung hinzu, wie sie das auch schon beim Monatsbudget getan haben. So sollten im Segment CCO die Roomnights ja aufgrund der günstigeren Firmenraten deutlich steigen. Also werden auch die Tageswerte über dem Vorjahr liegen. Tag für Tag gehen sie so den Januar durch. Am Ende vergleichen sie die Summe der Roomnights mit ihrem Monatsbudget. Da sie monatlich mehr Übernachtungen budgetiert haben, müssen sie die Differenz nun noch verteilen. Dann schließlich passen Tages- und Monatsbudget für Januar im CCO überein. Monat für Monat und Segment für Segment gehen sie so durch. Bei den Segmenten ohne Vertragsrate ist das tagesgenaue Budget der Rate noch komplizierter. Hier müssen sie schätzen, wie viel Yielding Möglichkeiten sie an welchem Tag haben werden, welche Specials es ggf. geben wird und wie sich demnach die Durchschnittsrate entwickelt. Bei der Rate müssen sie auch segmentübergreifend arbeiten. An einem Tag, an dem sie von vielen Buchungen zum Beispiel im CCO ausgehen, werden sie vermutlich die BAR entsprechend yielden, da sie es sich leisten können, durch den höheren Preis weniger Buchungen zu bekommen. Die Rate für CIN und LIN wird dementsprechend steigen. Gleichzeitig werden an solchen starken Tagen vermutlich keine Sonderraten, welche ins Segment OTH fallen, angenommen. Auch LDE werden vermutlich stark restriktiert – sofern an dem jeweiligen Tag kein Kontingent vereinbart wurde. Immer wieder müssen die Freunde so die Spalten je Segment überprüfen, ob die Monatswerte stimmen. Und dann die Zeilen, ob der Businessmix, also die Aufteilung der Übernachtungen auf die Segmente, Sinn macht. Auch auf die Summen müssen sie achten, schließlich können sie jeden Tag maximal 50 Zimmer verkaufen. Wenn sie nun an einem durchschnittlichen Mittwoch recht viele individuelle Zimmer kalkulieren, können sie nicht gleichzeitig noch von einer größeren CGR-Gruppe ausgehen. Bzw. wenn sie das tun, müssen wieder Zimmer im Individualbereich reduziert werden. Sobald sich die Roomnights ändern, ändert sich dann – bei schwankenden Raten – auch die monatliche Durchschnittsrate und muss wieder angepasst werden. Der Prozess ist sehr mühselig und beschäftigt die Freunde über mehrere Wochen. Sie beschließen die Komplexität für den nächsten Budgetprozess etwas zu reduzieren und zunächst das Tagesbudget zu schreiben. So müssen sie nicht auf die Monatswerte achten und laufen auch nicht Gefahr, Monatswerte zu budgetieren welche sich dann nur schwer auf die einzelnen Tage aufteilen lassen. Einzelne Tage anpassen, damit die Monatssummen sich ändern, müssten sie dann nur, wenn die Monatswerte nicht plausibel sind, ähnlich wie sie dies beim Monatsbudget für die Roomnights getan haben.

4.5 Rollierender Forecast

Als das tagesgenaue Budget schließlich fertig war, wollte vor allem Salim zunächst nichts von weiteren Analysen und Aufstellungen wissen. Außer den routinemäßigen Reports und dem täglichen Yield Management haben die Freunde die strategische Arbeit somit ein paar Wochen ruhen lassen. Über die Weihnachtsfeiertage und den Jahreswechsel haben sie abwechselnd Urlaub genommen, so dass sie erst Mitte Januar wieder komplett im Hotel Pfiffikus sind. Bis alle wieder auf dem gleichen Stand sind und liegengebliebene Aufgaben erledigt sind, ist der Januar um und sie können zum ersten Mal ihr Budget mit den tatsächlichen (actual ACT) Werten vergleichen (vgl. Tab. 4.14).

Tab. 4.14: Budget vs Actual für Januar.

Januar	Actual			Budget			Differenz		
	RN	Rate	Rev	RN	Rate	Rev	RN	Rate	Rev
CCO	367	52,27 €	19.183 €	380	52,13 €	19.809 €	−13	0,14 €	−626 €
CIN	123	56,11 €	6.902 €	120	56,00 €	6.720 €	3	0,11 €	182 €
CGR	132	48,12 €	6.352 €	145	50,00 €	7.250 €	−13	−1,88 €	−898 €
LIN	211	51,89 €	10.949 €	250	52,00 €	13.000 €	−39	−0,11 €	−2.051 €
LDE	150	41,12 €	6.168 €	120	41,12 €	4.935 €	30	0,00 €	1.233 €
LGR	35	42,89 €	1.501 €	15	42,00 €	630 €	20	0,89 €	871 €
OTH	21	21,76 €	457 €	20	22,00 €	440 €	1	−0,24 €	17 €
Total	1.039	49,58 €	51.511 €	1.050	50,27 €	52.783 €	−11	−0,69 €	−1.272 €

Insgesamt sind die Freunde sehr zufrieden mit ihrem Budget, der Umsatz weicht lediglich 2,4 % vom budgetierten Wert ab. Allerdings zeigen die einzelnen Werte doch, dass sie sich in manchen Segmenten verschätzt haben. Während die Segmente CCO und CIN fast den budgetierten Werten entsprechen, konnte im Segment CGR nur eine deutlich niedrigere Rate als budgetiert durchgesetzt werden. Dafür war die Rate im Segment LGR höher als gedacht. In Verbindung mit den zusätzlichen Roomnights konnte der zusätzliche LGR Umsatz den fehlenden CGR Umsatz fast kompensieren. In den Segmenten LIN und LDE scheint es eine Verschiebung der Roomnights gegeben zu haben, es wurden deutlich weniger LIN Übernachtungen produziert, dafür deutlich mehr LDE Roomnights. Durch die niedrigere Durchschnittsrate im Segment LDE bringt diese Verschiebung einen Umsatzverlust mit sich.

„Die Verschiebung von LIN zu LDE müssen wir zukünftig verhindern", meint Katrin: „sonst geht uns mehr und mehr Rate und damit Umsatz verloren." „Aber wie sollen wir das machen?" wirft Salim ein: „Wir können den Gästen ja nicht vorschreiben, über welchen Kanal sie zu buchen haben." „Hast Du über die Feiertage ganz vergessen, dass wir durchaus die Möglichkeit haben, die Segmente zu steuern?" schmunzelt Miriam: „Wir können LDE unter der Woche einfach schließen, und am Wochenende nur die Zimmer zulassen, an die wir durch die gewährten Kontingente gebunden sind. So haben wir mehr Verfügbarkeit für LIN Buchungen." „Und wenn wir durch das Restriktieren von LDE Buchungen nicht mehr LIN Buchungen bekommen? Dann haben wir doppelt verloren", zögert Katrin. „Wenn dann nicht mehr LIN Buchungen kommen, können wir versuchen, diese durch eine attraktivere Ratenpolitik anzureizen." meint Miriam. „Aber mir stellen sich noch andere Fragen. Jetzt haben wir im Januar weniger Umsatz als geplant gemacht, das heißt unser Budgetwert für das ganze Jahr stimmt ja eigentlich schon nicht mehr, außer wir können den Verlust vom Januar bis zum Jahresende wieder auffangen. Aber wir haben ja auch gesehen, dass wir manche Segmente falsch eingeschätzt haben, bzw. diese sich nicht wie erwartet entwickeln. Was bedeutet es denn für unser Budget, wenn sich diese Entwicklungen fortsetzen?"

Um diese Fragestellung zu beantworten und realistische Werte als Planungsgrundlage zu haben, wird neben dem Budget auch ein Forecast erstellt. Im Fall des Hotels Pfiffikus könnte nun Anfang Februar die erste Forecast-Hochrechnung erfolgen. Diese basiert zunächst auf dem Budget. Allerdings werden für Januar (bzw. zukünftig für alle vergangenen Monate) die Budgetwerte durch die tatsächlichen Werte ersetzt. Für die künftigen Monate kann nun die budgetierte Entwicklung durch die tatsächliche Entwicklung ersetzt und die Werte entsprechend hochgerechnet werden. Bei den diskutierten Abweichungen von LIN und LDE stellt sich auch die Frage, ob durch eine Reduzierung von LDE Buchungen automatisch mehr LIN Buchungen erfolgen. All diese Punkte diskutierten die Freunde intensiv. Für Februar können sie die Entwicklungen recht gut einschätzen, schließlich wurden hier schon einige Buchungen getätigt und sie gehen davon aus, dass Trends sich, wenn dann eher langsam, über mehrere Wochen ändern. Im März und April können sie lediglich die Gruppensegmente etwas abschätzen, im Individualbereich sind aufgrund der kürzeren Leadtime in diesen Segmenten noch kaum Buchungen zu verzeichnen. Hier lässt sich zwar der Vorbuchungsstand mit dem Vorbuchungsstand vom Vorjahr vergleichen, ähnlich wie es bei der Beobachtung des Bachelorballs der Fall war, allerdings müssen diese Vergleiche immer auch im Lichte der aktuellen Entwicklungen gesehen werden. Sie beschließen also, für Februar, März und April die Budgetwerte soweit anzupassen, wie sie eine Entwicklung realistischer Weise abschätzen können. Für die übrigen Monate lassen sie zunächst die Budgetwerte stehen, schließlich haben sie keine Anhaltspunkte, dass die Entwicklungen auch im restlichen Jahr vom Budget abweichen. Zudem soll der Forecast jeden Monat überarbeitet und angepasst werden. So können vergangene Monate immer auf die tatsächlichen Zahlen und die nächsten Monate gemäß den aktuellen Entwicklungstrends angepasst werden.

Diesen Prozess führen sie die nächsten Monate durch und beginnen im Sommer wieder damit, ein Budget für das nächste Jahr zu schreiben. Im Herbst beginnt Miriam an ihrem Forecast-Prozess zu zweifeln. Schließlich rechnen sie den Forecast immer nur bis Ende des Jahres. Ob das Budget, das sie im August für Januar berechnet haben, im November noch plausibel erscheint, kalkulieren sie nicht. Miriam argumentiert, dass die Einteilung des Budgets nach Kalenderjahr zwar logisch ist, jedoch nichts mit dem Geschäftsaufkommen zu tun hat. Schließlich würden die Gäste ja immer weiter buchen, Trends sich weiterentwickeln und der Markt sich verändern, unabhängig davon, ob das Hotel Pfiffikus mit einem Budget oder einem Forecastwert rechnet. Mit dieser Argumentation überzeugt sie auch Salim und Katrin und die drei beschließen, den statischen Forecast durch einen rollierenden Forecast zu ersetzen.

Ein rollierender Forecast „rollt" immer weiter. Ähnlich wie ein Budget umfasst er auch zwölf Monate, allerdings immer die zukünftigen, nicht die vergangenen Monate. Zu Beginn des Jahres entsprechen die kommenden zwölf Monate dem Kalenderjahr und somit der Forecast dem Budgetjahr. Ist der Januar vorbei, rollt der Forecast einen Monat weiter, er geht dann von Anfang Februar bis Ende Januar. Somit ist er weder an Budgetzeiträume noch an Kalenderjahre gebunden, sondern stellt die erwartete Entwicklung des Hotels mit einem immer gleichen Zeithorizont dar. So kann es auch passieren, dass der Forecast das Budget überholt. Wenn er beispielsweise im Februar auch den Januar des Folgejahres abdecken soll, so ist für diesen meist noch kein Budget geschrieben. Somit schreiben die Freunde dann einen Forecast für Januar, der nicht auf einem Budget basiert, sondern auf den noch sehr frischen Erinnerungen an den vergangenen Januar. Im Laufe der Monate kann der Forecast dann auch gemäß aktuellen Entwicklungen angepasst werden und dient dann während der Budgetphase als Basis für das neue Budget. Da das Budget meist im Sommer geschrieben wird, existiert somit für die ersten Monate des Jahres bereits ein Forecast, wodurch der Budgetprozess wesentlich vereinfacht wird. Darüber freut sich besonderes Salim, der schon bei dem Gedanken an das Jonglieren mit den vielen Zahlen und Plausibilitäten Bauchschmerzen bekommt.

5 MICE-Management

„Das darf doch nicht wahr sein!" Katrin schlägt wütend mit der flachen Hand auf den Tisch: „Wir haben eine Anfrage für eine Tagung mit 50 Personen mit Kaffeepausen, Mittagessen, Abendessen, Übernachtung – das volle Programm! Und wir können es nicht anbieten, weil Tagungsraum I schon belegt ist. Mit zehn Personen, die nur eine Kartoffelsuppe mittags bekommen." „Das sind wirklich große Umsatzunterschiede", meint auch Miriam: „aber die zehn Personen können wir doch sicherlich in Tagungsraum II umziehen? Der reicht doch locker." „Naja", schaltet sich Salim kleinlaut ein: „so einfach ist das nicht. Die zehn Personen sind Stammgäste und ich habe ihnen Tagungsraum I fest zugesagt. Sie haben viele Unterlagen dabei und brauchen den Platz." „Zahlen sie denn extra für den größeren Raum?" erkundigt sich Miriam. „Nein, aber sie haben seit Jahren ihre Sitzung hier und haben immer den großen Raum – ohne Extrakosten!" verteidigt sich Salim. Miriam und Katrin ärgern sich sehr über den entgangenen Umsatz, sehen aber auch ein, dass sie dem zerknirschten Salim keine Vorwürfe machen können. Um den Verkauf der beiden Tagungsräume haben sie sich bisher kaum gekümmert. Viele Gruppen im Hotel Pfiffikus sind Stammkunden, die immer wieder kommen. Hier haben die Freunde einfach die Preise und Konditionen der Vorjahre beibehalten. Um zukünftig jedoch Umsatzeinbußen zu vermeiden beschließen sie, sich die Umsätze im Veranstaltungsbereich genauer anzusehen. Miriam, die inzwischen eifrige Leserin einiger Fachzeitschriften ist, informiert ihre Freunde zunächst darüber, dass der Veranstaltungsbereich auch als MICE Bereich bezeichnet wird. Das hat nichts mit Mäusen zu tun, MICE ist die Abkürzung für Meeting, Incentive, Congresses and Events – also eine Auflistung verschiedener Veranstaltungsarten.

5.1 Revenue-Mix im MICE-Bereich

Zunächst betrachten die Freunde die Umsätze, welche sie im Gruppengeschäft machen. Fast alle Gruppen bestellen Kaffeepausen und Mittagessen und kreieren somit F&B Umsatz. Wenn die Tagungsgäste übernachten, so wird auch Logisumsatz aufgrund von Tagungen generiert. Wenn die Übernachtungsgäste frühstücken, so zählt das auch wieder zum F&B Umsatz. Zudem berechnet das Hotel Pfiffikus für die Nutzung der Tagungsräume Raummiete. Da diese weder zu Logis noch zu F&B gehört, wird sie der Umsatzgruppe Sonstiges (Others) zugerechnet. Hier werden auch etwaige NoShows oder Stornierungskosten von Gruppen verbucht. Bei großen Veranstaltungen werden teilweise auch Fremdfirmen für Technik, Dekoration oder Entertainment bestellt. Wenn das Hotel hierfür eine Provision erhält, so zählen diese Umsätze auch in den Bereich Others. Tabelle 5.1 fasst diese Umsätze zusammen.

https://doi.org/10.1515/9783110582260-006

Tab. 5.1: Umsatzarten im MICE Bereich.

Logis	F&B	Others
Übernachtungen	Frühstück	Raummiete
	Kaffeepause	Stornierungskosten, No Shows
	Mittag-/Abendessen	Provision für Drittfirmen
	Tagungsgetränke	

Das Hotel Pfiffikus besitzt zwei Tagungsräume: Tagungsraum I mit 80 qm und Tagungsraum II mit 60 qm. Beide Räume können auch miteinander kombiniert werden und ergeben dann Tagungsraum III der 140 qm hat. Die drei Freunde haben die historischen Preise für die Tagungsräume übernommen, somit kostet Tagungsraum I 200,00 € Miete am Tag, Tagungsraum II kostet 150,00 € und Tagungsraum III 350,00 €. Die F&B Angebote werden je nach den Wünschen der Gäste erstellt und berechnet, wobei Salim schon lange darauf pocht, dass es feststehende Angebote geben sollte. Zudem fragen immer mehr Gäste nach Tagungspauschalen, also nach Paketpreisen die je Tagungsteilnehmer abgerechnet werden. Bei den F&B Kosten fällt den Freunden eine Umlage auf die Tagungsteilnehmer nicht schwer, schließlich werden Speisen und Getränke in Abhängigkeit von der Personenzahl zubereitet und berechnet. Bei der Umlage der Raummiete tun sich die Freunde jedoch schwer. Schließlich soll Tagungsraum I immer mindestens 200,00 € kosten. Wenn nun zehn Personen darin tagen, müsste pro Person 20,00 € Raummiete berechnet werden. Wenn 16 Personen tagen, würde die Raummiete pro Person nur noch 12,50 € betragen. Die Freunde beschließen daher, eine Anzahl an Personen festzulegen, für die der Raum gut geeignet ist. Auf diese Personenanzahl soll die Raummiete dann umgelegt werden. Sollten weniger Personen darin tagen wollen, müssen sie die Differenz als anteilige Raummiete bezahlen. Um die Kapazitäten der Räume besser zu verstehen, betrachten die Freunde zunächst die Maximalkapazitäten bei unterschiedlichen Bestuhlungsvarianten (vgl. Tab. 5.2).

Tab. 5.2: Tagungsraumkapazitäten Hotel Pfiffikus.

	Parlamentarisch	Stuhlreihen	U-Form	Blockform	Cabaret
Raum I	40	60	25	30	24
Raum II	30	40	18	20	12
Raum III	70	110	28	32	50

Tabelle 5.2 fasst die maximale Personenanzahl in den Räumen bei unterschiedlichen Bestuhlungsvarianten zusammen. Bei der parlamentarischen Bestuhlung (classroom) werden Reihen mit Tischen und Stühlen gestellt, während bei Stuhl-

reihen (theatre) keine Tische gestellt werden. Bei der U-Form (U-Shape) wird aus Tischen ein U geformt und außen bestuhlt – eine zusätzliche innere Bestuhlung ist eher selten. Die Blockform (boardroom) entspricht der geschlossenen U-Form, entweder mit zusammen geschobenen Tischen an einer langen Blocktafel oder als tatsächlich geschlossenes U mit einer Freifläche in der Mitte. Bei der Cabaret Bestuhlung werden runde Banketttische, welche üblicherweise für acht bis zehn Personen geeignet sind, nur für fünf bis sechs Personen gedeckt, so dass alle Gäste den Blick zur Leinwand oder Bühne haben und niemand mit dem Rücken zum Geschehen sitzt. Andere Bestuhlungsvarianten wie Stuhlkreis, Fischgrät oder V-Form werden im Hotel Pfiffikus kaum nachgefragt, daher haben die Freunde diese Möglichkeiten in der Übersicht nicht berücksichtigt. Sie diskutieren nun, welche Bestuhlungsvariante als Standard zu sehen ist. Sie einigen sich auf die klassische parlamentarische Bestuhlung, bei der alle Gäste Tische haben, diese jedoch durch die Reihenform platzsparend gestellt werden. Da sie jedoch nicht davon ausgehen können, dass die Räume immer maximal belegt sind, beschließen sie als Kalkulationsbasis eine Belegung von 80 % zu nehmen. Das entspricht in Tagungsraum I beispielsweise 32 Personen (80 % von der Maximalbelegung von 40 Personen). So lassen sich nun die Tagungspauschalen kalkulieren (vgl. Tab. 5.3). Die Raummiete beträgt für alle Räume 6,25 € pro Person – dies ergibt sich durch das Dividieren der Raummiete durch 80 % der maximale Personenanzahl in parlamentarischer Bestuhlung.

Tab. 5.3: Kalkulation von Tagungspauschalen.

	Ganztagespauschale	Halbtagespauschale
Raummiete	6,25 €	6,25 €
Tagungsgetränke	6,25 €	5,75 €
Kaffeepause	8,50 €	8,00 €
Mittagessen	20,50 €	20,00 €
Kaffeepause	8,50 €	
Gesamt	50,00 €	41,00 €

Nach Katrins Vorschlag haben die Freunde eine Ganztages- und eine Halbtagespauschale kalkuliert. Diese unterscheiden sich darin, dass bei der Halbtagespauschale nur eine Kaffeepause inkludiert ist und der interne Splitt für die Tagungsgetränke etwas geringer ist. Salim ist noch nicht ganz einverstanden mit der Kalkulation. Seiner Meinung nach müsste bei der Halbtagespauschale auch die Raummiete geringer sein, schließlich würden die Gäste den Raum ja nur den halben Tag nutzen, dann sei es doch unfair, dass sie die Ganztages-Raummiete bezahlen müssten. Miriam sieht das anders. Selbst wenn eine Tagung nur bis 12:00 Uhr oder 13:00 Uhr geht, bis der Raum saubergemacht und für eine weitere Gruppe vorbereitet ist, vergehen mindestens zwei Stunden. Vor 14:00 Uhr oder 15:00 Uhr könnten sie ihn also nicht wiederverkaufen. Und Anfragen für Tagungen die erst nachmittags losgehen, würden sie kaum erhalten. Nach einiger Diskussion überstimmen Katrin und Miriam Salim und die Raummiete bleibt statisch, unabhängig von der Nutzungsdauer des Raumes.

Sollten weniger Personen als die Kalkulationsgrundlage tagen, so muss eine anteilige Raummiete erhoben werden, welche die Differenz zwischen der in der Pauschale enthaltenen Raummiete (6,25 € × Personenanzahl) und der gewünschten Raummiete von 200,00 € ausgleicht. Die Freunde überlegen kurz, ob es Sinn macht, die Tagungspauschalen ohne Raummiete zu kalkulieren und die Raummiete immer separat mit 200,00 € (für Tagungsraum I) zu berechnen. Allerdings entgeht ihnen so die Möglichkeit, bei Belegung des Raumes mit mehr Personen als kalkuliert mehr Raummiete einzunehmen. Zudem wissen viele Gäste einen Pauschalpreis zu schätzen, der alle Kosten inkludiert und sind von zusätzlichen Kosten neben diesem Pauschalpreis ggf. unangenehm überrascht.

5.2 Revenue relevante MICE-Kennzahlen

Katrin und Salim freuen sich, mit den Tagungspauschalen nun ihren Gästen die gewünschten Paketpreise anbieten zu können. Miriam hingegen ist noch nicht ganz zufrieden mit der Kalkulation. „Wenn Tagungsraum I von 20 statt von 32 Personen genutzt wird, dann kalkulieren wir zwar eine anteilige Raummiete, aber es geht uns ja auch F&B Geschäft verloren. Bei 32 Personen würden wir ja mehr Umsatz mit Kaffeepausen, Getränken und Mittagessen machen." „Das ist schon richtig", meint Salim: „aber wir können uns die Gruppen ja nicht immer aussuchen. Wir werden Tagungsraum I nicht immer nur für 32 Personen verkaufen können." „Das Ziel sollte das aber schon sein." beharrt Miriam. Katrin versucht zu beschwichtigen: „Ich kann Euch beide verstehen. Aber knifflig ist die Angelegenheit schon. Wenn wir das Ziel haben, den Raum an Gruppen mit mindestens 32 Personen zu verkaufen, dann müssten wir ja Anfragen für kleinere Gruppen ablehnen. Aber was machen wir, wenn dann keine Anfrage mehr mit 32 Personen kommt? Wann ist also der Zeitpunkt, die Hoffnung auf eine große Gruppe aufzugeben und den Raum auch an eine kleinere Gruppe zu verkaufen?" Die drei Freunde sehen sich etwas ratlos an. Schließlich kommt Katrin ein Gedanke: „Wir wollen doch Umsatz maximieren, also ist das doch fast wie Yield Management im Zimmerbereich. Vielleicht können wir das übertragen?" Da das Hotel Pfiffikus jedoch deutlich mehr Zimmer als Tagungsräume hat, ist eine einfache Übertragung des Logis Yield Managements nicht möglich. Wenn ein Zimmer etwas zu günstig verkauft wurde, kann das ggf. durch eine spätere Ratensteigerung ausgeglichen werden. Wenn Tagungsraum I zu günstig bzw. an eine zu kleine Gruppe verkauft wurde, ist er belegt und der entgangene Umsatz kann vermutlich nicht über eine teurere Belegung von Tagungsraum II ausgeglichen werden. Miriam findet die Idee von Katrin dennoch hilfreich: „Wir haben ja bei den Zimmern auch damit angefangen, unser Geschäft zu verstehen. Also welche Gästegruppen buchen, mit welcher Leadtime, an welchen Wochentagen mit welcher Aufenthaltsdauer. Das können wir doch auch im Tagungsbereich analysieren. Wenn wir unser Geschäft dann verstehen, können wir ja schauen, wie wir es optimieren können."

Diese Idee überzeugt auch Salim und Katrin und so machen sich die drei Freunde Gedanken, welche Kennzahlen für die Analyse des MICE Geschäfts wichtig sind. Die von Miriam genannten Kennzahlen, Leadtime, Wochentage und Aufenthaltsdauer bzw. Dauer der Tagung erscheinen allen sinnvoll. Zudem beschließen sie, die Umsätze insgesamt zu betrachten und auch zu analysieren, welche Branchen die Tagungsräume buchen. Zunächst analysieren sie die Buchungen des vergangenen Monats. Die Leadtime lässt sich als Differenz zwischen Buchungsdatum und Anreisedatum einfach berechnen. Kurz zögern die Freunde, ob sie als Buchungsdatum das Datum der ersten Anfrage oder das Datum der Vertragsunterschrift nehmen sollen. Gerade bei größeren Gruppen oder komplizierten Anfragen können zwischen beiden Daten mehrere Wochen liegen. Die Freunde fragen sich, wofür sie die Leadtime nutzen werden. Sie beschließen das Datum der Anfrage zu nutzen, so können sie zukünftig abschätzen, ob es noch realistisch ist, Anfragen für einen bestimmten Zeitpunkt in der Zukunft zu erhalten. Bei Berechnung der Leadtime fällt ihnen auf, dass manche Veranstaltungen nur wenige Tage zuvor angefragt werden, andere hingegen bereits ein Jahr im Voraus. Sie bilden daher verschiedene Leadtime Kategorien, in die sie die jeweiligen Anfragezeiträume einordnen (vgl. Tab. 5.4).

Tab. 5.4: Anzahl von Veranstaltungen nach Leadtime.

< 7 Tage	7–13 Tage	14–27 Tage	28–89 Tage	90–179 T.	180–365 T.	> 365 Tage
1	2	4	4	2	1	1

Es fällt auf, dass die meisten Veranstaltungen zwischen zwei Wochen und drei Monaten vor Anreise gebucht werden. Weiter im Voraus buchen meist Stammgäste, welche jährliche Veranstaltungen direkt festlegen oder auch größere Veranstaltungen, bei denen die Termine vieler Teilnehmer koordiniert werden müssen und die in der Vorbereitung deutlich aufwändiger sind. Analog dazu sind kurzfristige Veranstaltungen meist kleinere Veranstaltungen mit weniger Teilnehmern, deren Organisation oft schneller und einfacher zu bewerkstelligen ist. Um diese Vermutungen zu überprüfen, fügen die Freunde der Aufteilung nach Leadtime eine weitere Dimension hinzu, die Aufteilung nach Teilnehmer-Anzahl (vgl. Tab. 5.5).

Tab. 5.5: Anzahl von Veranstaltungen nach Leadtime und Teilnehmerzahl.

	< 7 Tage	7–13 Tage	14–27 Tage	28–89 Tage	90–179 Tage	180–365 Tage	> 365 Tage	Gesamt
1–9	1							1
10–19		2						2
20–29			3	1				4
30–39			1	2				3
40–49				1	1		1	3
50–59					1			1
Über 60						1		1
Gesamt	1	2	4	4	2	1	1	15

Diese Übersicht stellt bereits einige wichtige Informationen über das Veranstaltungsgeschäft des Hotels Pfiffikus im vergangenen Monat dar. Neben der üblichen Leadtime für Veranstaltungsbuchungen kann auch herausgelesen werden, dass ein Großteil der Veranstaltungen zwischen 20 und 49 Teilnehmer hat. Die Veranstaltungen zwischen 20 und 39 Teilnehmer haben auch ausschließlich in der üblichen Leadtime gebucht, während Veranstaltungen zwischen 40 und 49 Teilnehmern auch etwas langfristiger angefragt wurden. Mit diesen Informationen lässt sich zukünftig schon recht gut abschätzen, mit welcher Vorausbuchungsfrist bei unterschiedlichen Veranstaltungsgrößen zu rechnen ist, bzw. mit Anfragen für welche Veranstaltungsgröße bei einer gegebenen Leadtime noch zu rechnen ist. Eine weitere wichtige Information ist, an welchen Wochentagen die Veranstaltungen hauptsächlich stattfinden. Dafür gehen die Freunde alle Veranstaltungen des letzten Monats durch und prüfen, an welchen Wochentagen diese stattgefunden haben. Die Ergebnisse sind in Tabelle 5.6 dargestellt.

Tab. 5.6: Veranstaltungen nach Wochentag.

Montag	Dienstag	Mittwoch	Donnerstag	Freitag	Samstag	Sonntag
2	5	4	2	1	1	0

In der Übersicht zeigt sich, dass die meisten Veranstaltungen dienstags und mittwochs stattfinden, während das Wochenende sehr schwach nachgefragt ist. Das können sich die Freunde recht einfach erklären, schließlich sind die meisten Veranstaltungen, die im Hotel Pfiffikus stattfinden, geschäftlicher Natur und werden daher eher selten am Wochenende angesetzt. Die Aufteilung der Veranstaltungen nach Wochentagen zeigt jedoch noch nicht, ob die Veranstaltungen alle eintägig sind oder ob die Gäste mehrere Tage bleiben und auch übernachten. Daher möchten die Freunde nun auch herausfinden, wie viele Veranstaltungen mehrtägig waren. Katrin zählt rasch durch und erklärt dann, dass sechs Veranstaltungen über zwei Tage gingen und nur eine Veranstaltung über drei Tage. Alle übrigen acht Veranstaltungen fanden an nur einem Tag statt. Mit dieser Information wissen die Freunde nun, dass fast die Hälfte der Veranstaltungen an mehr als einem Tag stattfinden. Allerdings wissen sie beispielsweise nicht, ob sie an einem Freitag auf eine mehrtägige Veranstaltung hoffen können oder ob an diesem Tag nur eintägige Veranstaltungen stattfinden. Um das herauszufinden, fügen sie der Übersicht der Wochentage noch die Dimension der Dauer der Veranstaltung hinzu (vgl. Tab. 5.7).

Tab. 5.7: Veranstaltungen nach Wochentag und Dauer.

	Montag	Dienstag	Mittwoch	Donnerstag	Freitag	Samstag	Sonntag	Gesamt
1tägig	1	2	2	2		1		8
2tägig		3	2		1			6
3tägig	1							1
Gesamt	2	5	4	2	1	1		15

Diese Übersicht hat bereits deutlich mehr Aussagekraft. Neben der reinen Anzahl an Veranstaltungen je Wochentag und nach Dauer lässt sich nun auch herauslesen, dass Dienstag und Mittwoch die beliebteste Kombination für Veranstaltungen sind, dicht gefolgt von der Kombination Mittwoch und Donnerstag. Montag scheint als Anreise- bzw. Auftakttag für die beliebte Dienstag-Mittwoch Kombination zu fungieren, wurde aber im vergangenen Monat nicht für eine zweitägige Veranstaltung in Verbindung mit dem Dienstag gebucht. Auch Donnerstag und Freitag wurden nicht in Kombination gebucht, wohl aber Freitag und Samstag. Diese Kombination finden die Freunde interessant und fragen sich, welche Art von Veranstaltung wohl am Freitag und Samstag stattgefunden haben mag. Sie stellen fest, dass es sich um die Informationsveranstaltung einer Pharma-Firma für Ärzte gehandelt hat. Da viele der Teilnehmer eigene Praxen betreiben, begann die Veranstaltung am Freitag mit dem Mittagessen und endete am Samstagnachmittag. Diese Erkenntnis bringt die Freunde auf die Idee, sich insgesamt die buchenden Branchen im Hotel Pfiffikus näher anzusehen. Sie stellen fest, dass sich die Veranstaltungen des vergangenen Monats auf fünf Branchen sowie private Feierlichkeiten zurückführen lassen (vgl. Tab. 5.8).

Tab. 5.8: Veranstaltungen nach Branche.

Seminaranbieter	Automobil	Banken	Beratung	Pharma	Privat
3	4	3	1	2	2

„Was, nur drei Veranstaltungen von Banken?!" Katrin ist verwundert. „Gefühlt habe ich mindestens zehn Angebote an Banken geschrieben. Und dabei kamen nur so weni- ge Veranstaltungen rum? Na super." „Es kann ja nicht jedes Angebot direkt bestätigt werden", tröstet sie Miriam: „es ist ganz normal, dass manche Angebote abgesagt werden." Auch Salim möchte trösten: „Ja, und das muss noch nicht mal an uns und unserem Angebot gelegen haben. Manchmal müssen Firmen Vergleichsangebote ein- holen, obwohl sie schon längst wissen, wo sie tagen möchten. Und manche Veranstal- tungen werden zwar angefragt, finden dann aber doch nicht statt." Katrin hat sich schon wieder beruhigt und hakt nach: „Aber da wäre es doch spannend zu wissen, wie viele Angebote wir im Schnitt schreiben müssen, bis eines gebucht wird, oder? Dann können wir auch gucken, ob wir da zu viel Arbeit reinstecken, die sich gar nicht lohnt – oder ob unsere Angebote doch am Bedarf der Gäste vorbeigehen." „Gar keine schlechte Idee", meint Miriam: „wir müssten dazu nur all unsere Anfragen sammeln und vermerken, was damit passiert ist."

Die Freunde suchen also alle Veranstaltungsanfragen des letzten Monats zusam- men und ordnen sie in vier Stapel. Salim hat recherchiert und herausgefunden, wie die branchenübliche Bezeichnung für die einzelnen Kategorien ist:

Definite	DEF	Veranstaltung ist fest gebucht, Vertrag ist unterschrieben.
Acutal	ACT	Veranstaltung hat bereits stattgefunden.
Lost	LOS	Angebot wurde vom Kunden abgelehnt.
Cancelled	CAN	Vertrag wurde unterschrieben, die Veranstaltung dann aber abgesagt.
Unable to confirm	UNC	Das Hotel konnte kein Angebot unterbreiten.

Selbst Miriam ist beeindruckt, diese Begrifflichkeiten hat sie größtenteils noch nie gehört. So bezeichnen die Freunde die Stapel nun mit den einzelnen Abkürzungen, wobei sie DEF und ACT zusammenfassen, schließlich handelt es sich bei beiden um fest gebuchte Veranstaltungen. So ergibt sich eine Aufteilung der Anfragen aus der sich die Umsetzungsrate (Conversion) ausrechnen lässt (vgl. Tab. 5.9).

Tab. 5.9: Anfragen nach Buchungsstatus und Conversion.

	ACT/DEF	LOS	CAN	UNC	Gesamt
Absolut	15	23	1	8	47
relativ	32 %	49 %	2 %	17 %	

Der relative Anteil der fest gebuchten Veranstaltungen ist die Umsetzungsrate, also die Conversion. Im Hotel Pfiffikus lag sie bei 32 %, wobei diese Zahl auf der Ge- samtanzahl der Anfragen von 47 basiert. Diese beinhaltet auch die Anfragen, welche das Hotel nicht mehr anbieten konnte. Um also die korrekte Zahl zu erhalten, bei wie viel Prozent der abgegebenen Angebote es dem Hotel gelungen ist, einen Vertragsabschluss zu erzielen, müssen die UNC – Anfragen von der Gesamtanzahl abgezogen werden.

$$\text{Conversion (net of UNC)} = (\text{ACT} + \text{DEF}) / (\text{Gesamtanzahl} - \text{UNC}) * 100\,\%$$

Die korrekte Conversion des Hotels Pfiffikus liegt also bei 38 %. Die Freunde sind sich nicht sicher, ob diese Zahl gut oder schlecht ist. Salim und Katrin finden diese Zahl zu niedrig, sie wünschen sich eine Conversion nahe den 100 %. Das würde dann bedeuten, dass so gut wie jedes Angebot, dass sie abgeben auch angenommen wird und sie somit den geringst möglichen Aufwand für die Angebotserstellung haben. Miriam ist sich da nicht so sicher. Schließlich könnte es auch sein, dass ihre Preise zu niedrig sind, wenn alle Angebote immer angenommen werden. Bei den Zimmern verdrängen sie durch das Yield Management ja auch Anfragen, vielleicht ist das bei den Tagungsräumen auch nötig, um den Umsatz zu maximieren?

Bevor sie sich mit dieser Fragestellung näher beschäftigen, beschließen die Freunde zunächst den Umsatz des vergangenen Monats im Tagungsbereich zu betrachten um besser zu verstehen, wie viel Geschäft sie mit ihren Tagungsräumen machen (vgl. Tab. 5.10).

Tab. 5.10: Tagungsumsatz nach Umsatzarten.

	Umsatz	
	Absolut	**relativ**
Logis	8.033 €	36 %
F&B	11.600 €	52 %
Others	2.479 €	11 %
Gesamt	22.112 €	100 %

„Puh, das ist ganz schön viel Umsatz – das hätte ich so nicht gedacht!" meint Miriam. Bisher hatten die Freunde den Umsatz, der aus dem Tagungsgeschäft kam, nicht vom regulären Umsatz der Übernachtungsgäste getrennt. Sie wussten also nicht, welcher F&B Umsatz von Tagungsgästen und welcher von Übernachtungsgästen verursacht wurde. „Das heißt bei 15 Veranstaltungen im letzten Monat haben wir im Schnitt 1.474 € Umsatz je Veranstaltung gemacht!" rechnet Salim stolz vor. „Naja, ganz so kann man das ja nicht rechnen", wirft Katrin ein: „schließlich waren die Veranstaltungen recht unterschiedlich. Zwischen sieben und 62 Personen ist ja schon ein Unterschied, und auch ob eine Veranstaltung einen oder drei Tage ging. Nicht bei jeder Veranstaltung haben die Gäste auch übernachtet. Eine Art Durchschnittsumsatz wie wir bei den Zimmern eine Durchschnittsrate errechnen macht hier keinen Sinn. Dazu

ist die Masse an Veranstaltungen zu klein und die Spannbreite an Veranstaltungen zu groß." „Aber Salim hat schon recht", schaltet sich nun Miriam ein: „es wäre durchaus spannend, den Umsatz auf die Veranstaltungen herunter zu brechen, damit wir sehen können, mit welchen Veranstaltungen wir den hauptsächlichen Umsatz gemacht haben, und welche Veranstaltungen sich nicht gelohnt haben." „Wir können natürlich den Umsatz je Veranstaltung vergleichen", überlegt Katrin: „dann wüssten wir, mit welchen Veranstaltungen wir den meisten Umsatz gemacht haben. Aber ganz korrekt finde ich das nicht. Natürlich macht eine Veranstaltung mit wenigen Personen weniger Umsatz, aber sie generiert ja auch weniger Kosten. Ich finde schon, dass wir hier die Größe der Veranstaltung berücksichtigen müssen." „Wir könnten ja den Umsatz je Teilnehmer ausrechnen." Schlägt Salim vor. „Das könnten wir machen", meldet sich jetzt Miriam wieder zu Wort: „aber, wenn wir dann wieder Raum I für viel zu wenige Teilnehmer hergeben, dann sieht der Umsatz pro Teilnehmer ja gut aus, obwohl die Veranstaltung viel zu viel Platz okkupiert hat. Ich bin dafür den Umsatz je genutztem Quadratmeter Tagungsfläche zu berechnen. Weil die Tagungsfläche ist es ja, die wir optimal nutzen wollen."

Tab. 5.11: Revenue per square meter (RevPSm).

VA	qm	Logis	F&B	Others	Gesamt	RevPSm
1	80	294 €	941 €	168 €	1.404 €	17,55 €
2	140	1.682 €	1.459 €	294 €	3.435 €	24,54 €
3	60	252 €	306 €	84 €	642 €	10,70 €
4	60	463 €	165 €	168 €	795 €	13,26 €
5	80	799 €	1.059 €	151 €	2.009 €	25,11 €
6	60	210 €	259 €	147 €	616 €	10,27 €
7	80	505 €	871 €	199 €	1.574 €	19,68 €
8	140	1.262 €	1.294 €	307 €	2.863 €	20,45 €
9	80	252 €	753 €	157 €	1.162 €	14,53 €
10	80	1.051 €	847 €	168 €	2.067 €	25,83 €
11	80	421 €	1.012 €	166 €	1.599 €	19,98 €
12	60	– €	682 €	115 €	797 €	13,29 €
13	80	210 €	1.153 €	127 €	1.490 €	18,63 €
14	60	547 €	259 €	126 €	932 €	15,53 €
15	60	84 €	541 €	101 €	726 €	12,10 €
Total	1.200	8.033 €	11.600 €	2.479 €	22.112 €	18,43 €

Diesem Vorschlag von Miriam stimmen die anderen beiden zu, und so machen sich die Freunde daran, für jede Veranstaltung des vergangenen Monats herauszurechnen, wie viel Umsatz generiert wurde und wie viel Tagungsfläche belegt worden ist (vgl. Tab. 5.11).

Im Schnitt hat das Hotel Pfiffikus im vergangenen Monat pro belegtem Quadratmeter Veranstaltungsfläche 18,43 € Umsatz generiert (Revenue Per Square meter,

RevPSm). Veranstaltung Nummer 10 war mit 25,83 € pro Quadratmeter am wirtschaftlichsten, während Veranstaltung Nummer 3 mit nur 10,70 € pro Quadratmeter den geringsten RevPSqm aufzuweisen hat. Das kann Katrin schnell erklären: Veranstaltung 3 hat an einem Samstag stattgefunden. Da die Nachfrage hier, wie die Freunde zuvor analysiert haben, verschwindend gering ist, hat das Hotel Pfiffikus den Gästen einen Sonderpreis gewährt. Die Freunde beschließen daher zukünftig auch die Wochentage zu berücksichtigen und somit herauszufinden, welchen RevPSqm sie unter der Woche und am Wochenende erwarten können. Während Salim mal wieder der Kopf vor lauter Zahlen schwirrt und Katrin immer noch begeistert die neue Kennzahl analysiert, ist Miriam gedanklich einen Schritt weiter. Der RevPSqm entspricht, so ihre Überlegung, der Durchschnittsrate im Zimmerbereich. Sie gibt an, wie viel Umsatz generiert wurde, sagt jedoch nichts über die Belegung aus. Interessant wäre ja eine Kennzahl analog zum RevPAR, die Belegung und Umsatz zusammenbringt. Im Veranstaltungsbereich heißt diese Kennzahl RevPASM (Revenue Per Available Square Meter). Hier wird der Veranstaltungsumsatz nicht durch die Anzahl an belegten Quadratmetern geteilt, sondern durch die zur Verfügung stehenden Quadratmeter. Im Hotel Pfiffikus stehen täglich 140 qm Veranstaltungsfläche zur Verfügung. In einem Monat mit 30 Tagen bedeutet dies, dass im Monat 4.200 qm zur Verfügung stehen.

$$\text{RevPASM} = \text{Veranstaltungsumsatz einer Periode} \;/\; \text{verfügbare Quadratmeter einer Periode}$$

$$\text{RevPASM} = 22.112\ € \;/\; 4.200\ \text{qm} = 5{,}27\ €$$

Die Kennzahl RevPASM hat für den Veranstaltungsbereich eine ähnliche Aussagekraft wie der RevPAR für den Logisbereich, beide Kennzahl bringen den generierten Umsatz in Verbindung mit der zur Verfügung stehenden Kapazität und können nur durch eine Balance zwischen beiden Größen optimiert werden. Trotz dieser hohen Aussagekraft ist Miriam noch nicht ganz zufrieden. Sie fragt sich, ob es nicht eine Kennzahl gibt, welche diesen Aussagewert für das komplette Haus besitzt. Sie möchte die Leistung des Hotels gerne in einer Kennzahl ausdrücken, nicht auf RevPASM und RevPAR aufgeteilt. Hierfür wird meist der TRevPAR (Total Revenue Per Available Room) angewendet. Bei der Berechnung dieser Kennzahl wird der Gesamtumsatz des Hauses auf die verfügbaren Zimmer umgelegt. Wenn eine große Gruppe beispielsweise sämtliche Zimmer im Hotel bucht, so sind Durchschnittsrate und RevPAR meistens nicht optimal, da der Gruppe meist eine günstige Gruppenrate gewährt wird und durch die Vollbelegung dann keine Yielding Möglichkeiten mehr bestehen. Durch einen entsprechenden Umsatz bei Raummiete und im F&B Bereich kann es jedoch sein, dass der RevPASM einen sehr hohen Wert erreicht. Um nun festzustellen, ob der hohe Veranstaltungsumsatz den verdrängten individuellen Umsatz (schließlich geht auch individueller F&B Umsatz verloren) kompensiert hat, kann der Gesamtumsatz durch die verfügbaren Zimmer geteilt werden.

Tab. 5.12: Beispielhafter Tagesumsatz, individuell und Gruppe.

	Individualumsatz			Veranstaltungsumsatz				Total House
	Logis	F&B	Gesamt	Logis	F&B	OTH	Gesamt	
1	1.182 €	651 €	**1.833 €**	697 €	706 €	168 €	**1.571 €**	**3.404 €**
2	0 €	0 €	**0 €**	2.336 €	3.361 €	294 €	**5.991 €**	**5.991 €**
3	2.246 €	1.239 €	**3.485 €**	450 €	235 €	126 €	**811 €**	**4.296 €**

Tabelle 5.12 zeigt drei beispielhafte Aufteilungen des Tagesumsatzes im Hotel Pfiffikus. Beispiel 1 stellt einen regulären Tag im Hotel Pfiffikus mit moderatem Logisumsatz und einem etwa durchschnittlichen Veranstaltungsumsatz dar. Im Rechenbeispiel 2 hat eine große Gruppe sämtliche Zimmer gebucht, so dass kein individueller Umsatz erzielt wird. Im Beispiel 3 tagt nur eine kleine Gruppe, dafür kann der individuelle Logisumsatz durch Yield Management gesteigert werden und auch der Anteil an individuellem F&B Anteil steigt. Im nächsten Schritt können nun RevPAR, RevPASM und TRevPAR berechnet werden, um die Auswirkungen der unterschiedlichen Umsatzzusammensetzungen auf diese Kennzahlen darzustellen.

Tab. 5.13: RevPAR, RevPASM, TRevPAR.

	Logisumsatz	RevPAR	VA-Umsatz	RevPASM	Gesamtumsatz	TRevPAR
1	1.879 €	37,58 €	1.571 €	11,22 €	3.404 €	68,08 €
2	2.336 €	46,72 €	5.991 €	42,80 €	5.991 €	119,82 €
3	2.696 €	53,92 €	811 €	5,80 €	4.296 €	85,92 €

Der RevPAR wird auf Basis des gesamten Logisumsatzes (Individual + Gruppe) berechnet und liegt im Rechenbeispiel 3, bei dem nur eine kleine Gruppe tagt, am höchsten (vgl. Tab. 5.13). Der RevPASM bezieht sich rein auf den Veranstaltungsumsatz und liegt daher bei Rechenbeispiel 2 am höchsten, wenn der gesamte Umsatz durch eine Veranstaltung erzielt wurde. Der TRevPAR liegt ebenfalls für Rechenbeispiel 2 am höchsten, gefolgt von Beispiel 3 und Beispiel 1 am Ende. Bei alleiniger Betrachtung des RevPAR bzw. des RevPASM wäre die Reihenfolge der erfolgreichen Tage jeweils eine andere gewesen. Bei strategischen Entscheidungen für oder gegen Gruppen oder bei der Festlegung von Raten muss daher stets der TRevPAR im Auge behalten werden.

5.3 Optimierung des MICE-Geschäfts

Miriam nickt zufrieden: „Mit diesen Kennzahlen können wir unser Veranstaltungsgeschäft doch schon ganz gut analysieren. Wir wissen wann unsere Tagungen gebucht werden, an welchen Wochentagen und Wochentags-Kombinationen …" „Was gute und was schlechte Veranstaltungen sind ..." wirft Salim ein. „Und wie sich der Umsatz aufteilt." schließt Katrin ab: „Im Logisbereich haben wir, nachdem wir unser Geschäft durch die Kennzahlen analysiert haben, mit dem Yielding begonnen und die Umsätze optimiert. Geht sowas in der Art nicht auch für den MICE-Bereich?" „Hmm ... eigentlich hast Du Recht." meint Miriam: „Warum müssen Tagungspauschalen und Raummieten eigentlich immer gleich viel kosten? Wir könnten doch die Preise auch hier an die Nachfrage anpassen, ähnlich wie im Logisbereich."

Die Freunde sind begeistert von dieser Idee, merken jedoch schnell, dass die Umsetzung wesentlich komplizierter ist als im Logisbereich. Es sind feste Preise für Tagungspauschalen und Raummieten im Buchungssystem hinterlegt, wenn diese geändert werden, müssen sie manuell angepasst werden. Um den Aufwand gering zu halten, einigen sie sich daher darauf, fünf verschiedene Preise für Tagungspauschalen und Raummieten festzulegen und diese Preise dann auch im System zu hinterlegen. So muss dann nur ausgewählt werden, welcher Preisbereich verkauft werden soll, und alles ist korrekt hinterlegt. Um die Preisspanne festzulegen, überlegen sie, was die Preisuntergrenze ist, also welchen Preis sie nicht unterschreiten sollten. Bei Tagungspauschalen fällt ihnen das leicht, sie setzen die Raummiete auf null. So würden die Gäste mit ihrer Pauschale lediglich die F&B Preise bezahlen, wofür dem Hotel ja auch Kosten entstehen. Die Räume würden sie für diesen generierten Umsatz quasi kostenfrei dazu bekommen. Die niedrigste Tagungspauschale läge dann also bei 43,75 € für den ganzen Tag und 34,75 € für den halben Tag. Diese Preise machen an Tagen Sinn, an denen die Freunde mit fast keiner Nachfrage nach Tagungsräumen rechnen, wie etwa an einem Samstag oder Sonntag. Um an Tagen, die teurer verkauft werden sollen, zunächst vorsichtig auszutesten, wie preissensibel ihre Tagungsgäste auf schwankende Preise reagieren, beschließen sie, die Ganztagespauschale um maximal 10 % vom aktuellen Wert zu erhöhen, also auf maximal 55,00 €, die Halbtagespauschale wäre dann mit dem entsprechenden Abschlag bei 46,00 €. Zwischen diesen Maximalwerten schaffen sie nun einige Abstufungen, um die Preise in kleineren Schritten ändern zu können (vgl. Tab. 5.14).

Tab. 5.14: Preisspannen Tagungspauschalen.

Pauschalen	LOW	MEDIUM 1	MEDIUM 2	MEDIUM 3	HIGH
Ganzer Tag	44,00 €	47,00 €	50,00 €	52,00 €	55,00 €
Halber Tag	35,00 €	38,00 €	41,00 €	43,00 €	46,00 €

Nun stellt sich die Frage, wie sie bei der Änderung der Raummieten vorgehen sollen. Dabei ist es hilfreich, die aktuellen Werte auf Quadratmeterpreise umzurechnen, so kann sichergestellt werden, dass alle Raummieten verhältnismäßig angepasst werden. Aktuell kosten die Tagungsräume im Hotel Pfiffikus 2,50 € pro Quadratmeter. Nach einigen Rechenversuchen beschließen die Freunde, die Raummieten in 0,50 € Schritten je Quadratmeter anzupassen, wobei die aktuellen Preise die Mitte also Medium 2 darstellen sollen. Ähnlich wie bei den Tagungspauschalen möchten sie zunächst ausprobieren, wie die Gäste auf geänderte Preise reagieren. Später können sie dann versuchen, Preispotentiale weiter auszureizen. Die entsprechenden Raummieten für die drei Tagungsräume sind in Tabelle 5.15 zusammengefasst.

Tab. 5.15: Preisspannen Raummieten.

Raummieten	LOW	MEDIUM 1	MEDIUM 2	MEDIUM 3	HIGH
Raum I	120 €	160 €	200 €	240 €	280 €
Raum II	90 €	120 €	150 €	180 €	210 €
Raum III	210 €	280 €	350 €	420 €	490 €

Da die Freunde für das Hotel Pfiffikus bereits analysiert hatten, an welchen Wochentagen sie eine starke MICE-Nachfrage haben (vgl. Tab. 5.6), legen sie nun die Preisspannen für eine reguläre Woche fest. Sonntag ist der schwächste Tag, hier legen sie als Preise LOW fest. MEDIUM 1 soll für Freitage und Samstage gelten, MEDIUM 2 für Donnerstage und Montage, MEDIUM 3 für Mittwoche und HIGH für Dienstage. Nachdem sie die Preisspanne für eine reguläre Woche festgelegt haben, gehen die Freunde den zuvor erstellten Demand Calendar durch. Dieser wurde für die Nachfrage nach Zimmern erstellt und umfasst damit leisure und corporate Segmente, während ein Großteil der Veranstaltungen dem corporate Segment zuzuordnen ist. So erwarten die Freunde anders als im Zimmerbereich an den Brückentagen im Veranstaltungsbereich kaum Nachfrage. Diese Tage ebenso wie Ferienzeiten bepreisen sie daher etwas niedriger als eine reguläre Woche. Diskussionen ruft der Umgang mit Messezeiträumen hervor. Katrin ist der Meinung, dass während Messewochen die Zimmerpreise bereits so hoch sind, dass man Veranstaltungsgästen durch eine etwas günstigere Tagungspauschale entgegenkommen müsse. Miriam sieht das anders. Während Messezeiten können die Zimmer sehr gut individuell verkauft werden, Veranstaltungen sollten also möglichst ohne Übernachtung stattfinden. Da die Veranstaltungen im Hotel Pfiffikus meist eintägig stattfinden (vgl. Tab. 5.7), sind die Zimmerpreise für die Veranstaltungsgäste irrelevant. Daher ist sie dafür, die Messetage wie reguläre Tage zu bepreisen. Sollte sich herausstellen, dass sie für diese Zeiträume keine Anfragen ohne Übernachtungen erhalten, können sie die Preise immer noch senken. Ebenso wie sie bei großer Nachfrage die Preise auch erhöhen können. Die Freunde diskutieren ebenfalls über die Fragestellung, ob die Preise kurzfristig gesenkt werden sollen. Einerseits ist aufgrund der längeren Leadtime im Veranstaltungsbereich kurzfristig kaum mit Anfragen zu rechnen. Wenn also eine Anfrage kommt, sollte diese konvertiert werden und nicht aufgrund eines zu hohen Preises verloren gehen. Andererseits haben Kunden die kurzfristig eine Veranstaltung planen meist nicht die Zeit, viele Angebote einzuholen und Preise zu vergleichen. Die Wahrscheinlichkeit, dass quotierte Preise akzeptiert werden, könnte also höher sein als bei langfristigen Anfragen. Die Freunde beschließen, die Entwicklung der Anfragen im Rahmen eines regelmäßigen MICE Yield Managements im Auge zu behalten und die Preise ggf. anzupassen.

„Aber ganz logisch ist das alles noch nicht", meldet sich Salim zu Wort: „die Stammgäste, die mit den vielen Unterlagen im großen Raum sitzen, müssten zwar nach unserer neuen Preisstrategie mehr Raummiete zahlen, aber dennoch wäre doch eine Gruppe besser, die mehr F&B Leistungen in Anspruch nimmt oder auch übernachtet. Wie stellen wir sicher, dass wir hier auch die richtigen Gruppen annehmen?" „Na dafür haben wir doch den Umsatz nach Quadratmeter ausgerechnet. So wissen wir, ob eine Gruppe uns den Umsatz bringt, den wir an einem bestimmten Tag erwarten können – oder eben nicht." erklärt Miriam.

Da das Hotel Pfiffikus inzwischen einige historische Werte hat, wie viel Umsatz je Quadratmeter an bestimmten Wochentagen und Monaten zu erwarten ist, können sie so jede Anfrage prüfen. Sollte die Anfrage nicht den erwarteten Umsatz bringen, so haben sie entweder die Möglichkeit, den Umsatz durch zusätzliche Raummiete zu erreichen oder die Gruppe aus strategischen Gründen abzulehnen. Durch dieses Verfahren kann zum Beispiel fehlender F&B oder Logisumsatz ausgeglichen werden, so dass eine Gruppe ohne Übernachtungen oder Kaffeepausen tendenziell eine höhere Raummiete bezahlen muss, um den fehlenden Umsatz auszugleichen. Denkbar wäre auch, vertraglich einen Mindestumsatz festzuhalten. Sollte die Gruppe diesen nicht erreichen, wird die Differenz als Raummiete in Rechnung gestellt.

Ob die Gruppe zu einem erhöhten Preis angeboten oder abgesagt wird, liegt im Ermessen des Hotels. Yielding Strategien sind Kunden oftmals schwer zu vermitteln, so dass ein teureres Angebot manchmal weniger Diskussionen mit sich bringt als eine strategische Absage obwohl Verfügbarkeit besteht. Bei der Entscheidung, ob ein Angebot abgegeben wird oder nicht muss immer auch die Leadtime im Auge behalten werden, um abzuschätzen, ob noch mit wertigeren Anfragen zu rechnen ist.

Anfrage
Regulärer Mittwoch, 20 Personen, Tagungspauschale ganztags, Bestuhlung U-Form, keine Übernachtung

Standard Angebot:
Tagungspauschale MEDIUM 3 (52,00 €) x 20 Personen = 1.040 €
Anteilige Raummiete für Raum I durch Bestuhlung: 75 €
Angebotssumme: 1.115 €, entspricht 13,94 € je qm bei Belegung von Raum I

RevPSM an einem Mittwoch im relevanten Monat: 17,79 €

Variante 1:
Zwischen Angebot und erwarteten Umsatz liegen 3,85 € je qm. Bei den benötigten Quadratmetern entspricht dies einem Umsatz von 308 €. Dieser Betrag kann nun auf die Raummiete aufgeschlagen werden, so dass die anteilige Raummiete von 75,00 € auf 383,00 € steigt. Die Angebotssumme steigt somit auf 1.423,20 was bei Belegung von Raum I genau 17,79 € RevPSM entspricht.

Variante 2:
Anfrage ablehnen, da Angebotssumme unter dem erwarteten Umsatz liegt und das Hotel Pfiffikus somit kalkulatorischen Verlust machen würde.

Miriam grübelt noch über eine weitere Frage nach: da Tagungsraum III die Kombination aus Raum I und Raum II darstellt, können sie ihn nur verkaufen, wenn noch alle Räume frei sind. Sie fragt sich, ob und wie lange es Sinn macht, die einzelnen Räume nicht zu verkaufen, um auf den Verkauf des großen Raumes zu hoffen. Diese Frage lässt sich oftmals mit der Leadtime beantworten. Tagungsraum III wird ab eine Gruppengröße von etwa 50 Personen benötigt, Anfragen in dieser Größe erreichen das Hotel meist bis sechs Monate vor dem gewünschten Datum. Bis dahin können die Freunde also mit großen Anfragen rechnen, kurzfristiger ist eher nicht mehr mit großen Anfragen zu rechnen, gleichzeitig erhält das Hotel aber vermutlich noch ausreichend Anfragen von kleineren Gruppen und kann die Räume einzeln noch verkaufen. Bei diesen Überlegungen liegt die Annahme zugrunde, dass eine große Gruppe besser ist als zwei kleine Gruppen. Vom Aufwand her ist es oftmals einfacher, nur eine Gruppe zu organisieren als zwei, umsatztechnisch können sich aber manchmal zwei Gruppen eher lohnen. Tabelle 5.16 stellt drei Gruppenanfragen gegenüber. Anfrage 1 ist eine große Gruppe mit 70 Teilnehmern, welche Raum III nutzen würde. Zimmerrate und Tagungspauschale (TP) liegen jeweils regulär bei 50,00 €. Dieselben Preise würden auch Gruppe 2 angeboten, die mit 40 Personen in Raum I tagen würde. Nachdem Tagungsraum I nun schon belegt ist, würden Gruppe 3 aufgrund des Yield Managements nun höhere Preise angeboten.

Tab. 5.16: Umsatz von einer großen Gruppe vs. Umsatz von zwei kleinen Gruppen.

	ÜN	Rate	Rev. Logis	TN	TP	Rev. VA	Rev. Total	RevPSM
Gruppe 1	70	50,00 €	3.500 €	70	50,00 €	3.500 €	7.000 €	50,00 €
Gruppe 2	40	50,00 €	2.000 €	40	50,00 €	2.000 €	4.000 €	50,00 €
Gruppe 3	30	55,00 €	1.650 €	30	52,00 €	1.560 €	3.210 €	53,50 €
Gruppe 2 + 3	70	52,14 €	3.650 €	70	50,86 €	3.560 €	7.210 €	51.50 €

Es zeigt sich, dass es durch Yield Management sinnvoll sein kann, mehrere kleine Gruppen anstatt einer großen Gruppe anzubieten. Verstärkt wird dieser Effekt, wenn große Gruppen den generierten (bzw. erwarteten) Gesamtumsatz als Verhandlungsmacht nutzen und somit günstigere Raten mit dem Hotel aushandeln.

Es ist jedoch zu beachten, dass der Aufwand von Verkauf und Abwicklung mit mehr Gruppen steigt, zumal für jede fest gebuchte Gruppe im Hotel Pfiffikus etwa zwei bis drei Angebote geschrieben werden müssen (vgl. Conversion Rate).

Epilog

Seit dem Gespräch der drei Freunde in der Mensa und dem Entschluss, das Hotel Pfiffikus zu übernehmen, sind inzwischen schon zwei Jahre vergangen. Herr Schnudel ist mit der wirtschaftlichen Entwicklung des Hotels hochzufrieden und möchte die guten Umsätze nutzen, um das Hotel zu verkaufen und sich endlich ganz aus dem Arbeitsleben zurück zu ziehen. Salim kommt das gerade recht, er hatte sich den Hotelalltag wesentlich weniger stressig vorgestellt. Er träumt von einem Job mit geregelten Arbeitszeiten. So sehr ihm das Begrüßen der Gäste in der Lobby und das Repräsentieren auch Spaß gemacht hat, deswegen von frühmorgens bis spätabends auf den Beinen zu sein und auch am Wochenende und an Feiertagen oftmals nach dem Rechten zu sehen, trübt diese Freude auf Dauer. Er beschließt, sich einer anderen Industrie zuzuwenden. Katrin hingegen hat Gefallen an dem Umgang mit Gästen gefunden. Sie beschließt, noch eine Hotellehre zu machen, um sich vielleicht eines Tages mit einem Hotel selbstständig zu machen. Miriam hingegen möchte ihre Erfahrungen im Hotel Pfiffikus nutzen und sich bei einem großen Hotelkonzern im Revenue Management zu bewerben. Sie träumt davon, sich mit mehr Berufserfahrung eines Tages als Beraterin selbstständig zu machen und anderen Hoteliers zu helfen, ihr Hotel wirtschaftlich zu führen. Egal, welche der Pläne und Träume die Freunde letztendlich verwirklichen, die Zeit im Hotel Pfiffikus hat sie alle geprägt. Das wird ihnen jedes Mal bewusst, wenn sie Hotelübernachtungen buchen möchten und sich ärgern, dass Preise kurzfristig gestiegen sind. Sie wissen jetzt ja, wie das zustande kommt.

https://doi.org/10.1515/9783110582260-007

Register

https://doi.org/10.1515/9783110582260-008